中国社会科学院马克思主义理论学科建设与理论研究工程系列丛书

美国社会主义发展研究：

百折不挠，待时而动

牛政科　著

中国社会科学出版社

图书在版编目（CIP）数据

美国社会主义发展研究：百折不挠，待时而动／牛政科著. —北京：中国社会科学出版社，2020.4

（中国社会科学院马克思主义理论学科建设与理论研究工程系列丛书）

ISBN 978 - 7 - 5203 - 3718 - 2

Ⅰ.①美…　Ⅱ.①牛…　Ⅲ.①社会主义—政治思想史—研究—美国　Ⅳ.①D091.6

中国版本图书馆 CIP 数据核字（2018）第 295103 号

出 版 人	赵剑英
责任编辑	田　文
特约编辑	金　泓
责任校对	张爱华
责任印制	王　超

出　　版	中国社会科学出版社
社　　址	北京鼓楼西大街甲 158 号
邮　　编	100720
网　　址	http://www.csspw.cn
发 行 部	010 - 84083685
门 市 部	010 - 84029450
经　　销	新华书店及其他书店

印　　刷	北京君升印刷有限公司
装　　订	廊坊市广阳区广增装订厂
版　　次	2020 年 4 月第 1 版
印　　次	2020 年 4 月第 1 次印刷

开　　本	710×1000　1/16
印　　张	12.75
字　　数	181 千字
定　　价	76.00 元

目　录

导　论 ……………………………………………………………（1）

第一章　由盛而衰:苏东剧变以前的美国
　　　　社会主义政党 ……………………………………（15）

第一节　社会主义思想在美国的产生和发展 …………（15）

第二节　美国共产党的成立与发展 ……………………（17）

　　一　成立 …………………………………………………（18）

　　二　遭受帕麦尔大搜捕的挫折 ………………………（19）

　　三　罗斯福新政时期 …………………………………（20）

　　四　第二次世界大战时期 ……………………………（21）

　　五　依《史密斯法》对美国共产党领导人的审判

　　　　（1949—1958 年）………………………………（23）

　　六　1954 年《共产党人管制法》的影响 ……………（26）

　　七　参与各类活动 ……………………………………（27）

　　八　美国共产党失败的原因 …………………………（29）

第三节　其他左翼政党的兴衰 …………………………（31）

　　一　社会主义工人党的发展（1876 年至今）…………（31）

　　二　美利坚社会党的兴衰（1901—1972 年）…………（34）

　　三　美国社会民主主义者的兴衰

　　　　（1972—2005 年）………………………………（38）

　　四　美国社会党的发展（1973 年至今）………………（40）

五 民主社会主义者组织委员会的历史
  （1973—1982 年） ……………………………………（40）

六 美国民主社会主义者的发展（1982 年至今） ……（42）

七 美国社会主义工人党的兴衰（1938 年至今） ……（44）

八 美国革命共产党的兴衰（1975 年至今） …………（46）

九 美国共产党（马列主义）的兴衰
  （1965—1971 年） ………………………………（47）

十 美国共产党（马克思列宁主义）的兴衰
  （1977—1982 年） ………………………………（48）

第二章 苏东剧变后美国共产党对社会主义理论的
艰难探索 ………………………………………（49）

第一节 提出权利法案社会主义的理念 ……………（50）

第二节 加强与工人阶级的联系 ……………………（51）

第三节 提出面向 21 世纪的新战略 ………………（53）

第四节 提出新的党纲 ………………………………（57）

第五节 对金融危机的思考 …………………………（58）

第六节 再次修改党章 ………………………………（59）

第七节 对社会主义的反思 …………………………（61）

第八节 循序渐进,和平实现社会主义的道路 …………（65）

一 在通往社会主义革命的道路上,民主斗争和阶级
  斗争相辅相成 …………………………………（66）

二 当前处于反极右翼斗争阶段 …………………（67）

三 如何打败极右翼 ………………………………（69）

四 对未来反垄断阶段的设想 ……………………（72）

五 愿景:实现"权利法案社会主义" ……………（74）

第三章 美国共产党的现状与主要活动 ………………（76）

第一节 美国共产党现状 ……………………………（76）

第二节 美国共产党目前开展的主要活动 …………（78）

第四章 苏东剧变后其他主要左翼政党对美国
社会主义的探索 …………………………………… （90）
第一节 美国民主社会主义者 …………………………… （90）
一 主张激进民主的民主社会主义 ……………… （91）
二 行动战略 …………………………………………… （94）
三 组织结构 …………………………………………… （99）
四 选举立场 …………………………………………… （100）

第二节 美国社会党 ……………………………………… （102）
一 关于社会主义的愿景 ………………………… （103）
二 实现社会主义的道路 ………………………… （105）
三 积极参与选举 …………………………………… （108）

第三节 美国绿党 ………………………………………… （111）
一 奉行绿色政治理念 …………………………… （112）
二 组织结构 …………………………………………… （113）
三 战略规划 …………………………………………… （115）
四 政策主张：绿色新政 ………………………… （118）
五 绿党特别重视参与竞选 ……………………… （121）

第五章 2008 年金融危机对美国社会主义发展的影响 …… （124）
第一节 美国共产党认为新自由主义是金融
危机的根源 …………………………………… （125）
第二节 占领华尔街运动是对资本主义的
直接否定 ……………………………………… （129）
第三节 金融危机推动了对资本主义的反思 ………… （132）

第六章 为什么社会主义在美国历史上波澜不惊 ………… （135）
第一节 社会主义理念的独特吸引力没有得到
充分展现 ……………………………………… （136）
一 美国社会平等的主要障碍是种族不平等而非
阶级不平等 ………………………………… （136）
二 社会主义没有与美国的贫困问题发生
密切联系 …………………………………… （139）

第二节　工人的思想认识受到局限·············（141）

　　一　工人满足于自身的生活富足·············（143）

　　二　工人阶级心存阶级流动幻想·············（145）

　　三　人口迁徙削弱了团结力量·············（148）

　　四　工人的阶级意识不如种族意识强烈 ·········（149）

第三节　资本家拥有高超的操纵技巧 ···········（150）

　　一　资产阶级为民主披上了选举的外衣 ·······（150）

　　二　劳资矛盾缓和 ·······················（156）

　　三　两党制不利于第三党生存 ·············（158）

　　四　对工人阶级分而治之 ·················（162）

第四节　工人政党自身出现失误·············（164）

第七章　美国社会主义之火仍需积蓄力量 ········（168）

附录1　格斯·霍尔的美国社会主义理念 ·······（175）

第一节　社会主义社会有哪些目标·············（176）

第二节　为什么选择社会主义·················（176）

第三节　社会主义的基础·····················（177）

第四节　全民工作和教育·····················（178）

第五节　按劳分配·····························（178）

第六节　美国社会主义·······················（180）

第七节　通往社会主义的道路·················（180）

附录2　对美国共产党产生影响的立法 ·········（182）

附录3　美国共产党历次全国代表大会 ·········（189）

参考文献 ····································（192）

导　论

　　社会主义以理论思潮的形式首先出现在五百余年前的欧洲，此后逐渐在世界各地发展、演变，形成一系列的社会运动乃至社会制度。自1516年产生以来，社会主义始终存在形形色色的思潮和派别，由于各自所处的历史环境和政治立场不尽相同，人们对资本主义的认识和批判，对社会主义的设想和追求也千差万别，这就形成了前提、目的、内容和特征各不相同的种种社会主义流派。[①] 恩格斯于1880年发表了《社会主义从空想到科学的发展》，指出"现代社会主义，就其内容来说，首先是对现代社会中普遍存在的有财产者和无财产者之间、资本家和雇佣工人之间的阶级对立以及生产中普遍存在的无政府状态这两个方面进行考察的结果。但是，就其理论形式来说，它起初表现为18世纪法国伟大的启蒙学者们所提出的各种原则的进一步的、据称是更彻底的发展"[②]。

　　马克思主义认为，人类社会是在生产力与生产关系的矛盾运动中发展的，这是一个不以人们的意志为转移的客观历史过程。资本主义社会是人类历史上最后一个人剥削人的社会，是私有制社会的最高形态，资本主义的基本矛盾是生产的社会化与生产资料的资本主义私人占有之间的矛盾，这一基本矛盾造成资本主义社会出现一系列不可克服的对抗性矛盾，必然导致资本主义的灭亡，

---

　　① 吕薇洲：《世界社会主义整体发展视阈中的国外社会主义流派》，中国社会科学出版社2016年版，第1页。

　　② 《马克思恩格斯文集》第3卷，人民出版社2009年版，第523页。

并且必将被建立在生产资料公有制基础上的社会主义社会所取代，而无产阶级则在此过程中扮演了资本主义的掘墓人和社会主义的创建者角色。1848 年 2 月发表的《共产党宣言》是标志马克思主义公开问世的著作。在这部著作中，马克思、恩格斯精辟地概括了资本主义必然灭亡、社会主义必然胜利的客观规律，向全世界宣告"资产阶级的灭亡和无产阶级的胜利是同样不可避免的"[①]。这就是著名的"两个必然"或"两个不可避免"的原理。《共产党宣言》中全面阐述了无产阶级伟大历史使命的理论，指明了无产阶级完成此项历史使命的道路和条件：推翻资本主义，建立社会主义、共产主义新社会，就是无产阶级肩负的历史使命。

按照上述理论，资本主义仅仅是人类历史上一种特定的生产方式，并且存在着不可克服的矛盾，即生产的社会化与生产资料的私人占有之间的矛盾，这个矛盾具体表现为单个企业生产的有组织性与整个社会生产的无政府状态之间的矛盾。在经济上则表现为周期性经济危机的不断爆发，给整个社会带来巨大的破坏性后果；在阶级关系上，表现为无产阶级与资产阶级之间的矛盾和斗争。随着资本主义的发展，基本矛盾会日益激化，从而阶级矛盾也会日益激化，最终无产阶级将责无旁贷地担负起推翻资本主义的历史责任，建立起社会主义。简而言之，资本主义国家的生产力越是发达，就越能产生强大的社会主义运动。马克思认为，美国体现了"资产阶级社会的最现代的存在形式"[②]。作为当前举世公认、最发达的资本主义国家，美国本应出现强大的社会主义运动，然而事与愿违，从 20 世纪初伊始，社会主义在美国总体上是日渐衰落，这种现象与理论预测相悖，从而引起了一个有趣的问题：1906 年桑巴特首先发问"为什么美国没有社会主义"[③]。尽管

---

① 《马克思恩格斯文集》第 2 卷，人民出版社 2009 年版，第 43 页。
② 《马克思恩格斯选集》第 2 卷，人民出版社 2012 年版，第 22 页。
③ ［德］维尔纳·桑巴特：《为什么美国没有社会主义》，赖海榕译，社会科学文献出版社 2014 年版。

此后一百多年来，各种著述不断出现，各种解释五花八门，但似乎都不得要领，而社会主义在美国则依然如故，不管是社会主义政党，还是工人运动，都是一副波澜不惊的样子，而科学社会主义、民主社会主义、托派社会主义、生态社会主义等思潮流派，都经历了高低起伏的发展过程。

在美国有没有社会主义这一问题上，可以说支持与反对的声音都有，只不过在西方支持的声音更大，而在我国反对的声音更多。

在美国学术界，弗里德里克·特纳（Frederic Jackson Turner，1861—1932 年）是美国 19 世纪末至 20 世纪 30 年代初很有影响的历史学家，其在 1893 年的代表作《美国边疆论》（*The Significance of the Frontier in American History*）中首先提出了边疆学说，他强调边疆和西进运动对美国历史发展的重要作用，认为美国广阔的边疆地区为缓和尖锐的社会矛盾提供了空间，这种历史研究的新观点对美国史学界的影响极为深远。即便特纳的解释是正确的，随着美国开疆拓土时代的落幕，他的观点也就失去了解释力。

到 1906 年，桑巴特出版了《为什么美国没有社会主义？》（*Warum Gibt es in den Vereinigten Staaten Keinen Sozialismus？*）一书，他认为从政党的角度来说，美国当时至少存在两个社会主义性质的政党，即社会主义工人党（Socialist Labor Party，简称 SLP）和美利坚社会党（Socialist Party of America，简称 SPA），这两个党在 1904 年的美国总统竞选中总共获得了 45 万余张选票①，这些选票显然不仅仅来自于那些"没有追随者的落寞的德国人"（指那些积极开展社会主义活动的德国移民，比如左尔格等），由此表明美国并非不存在社会主义。但是，从工人对社会主义的态度来看，桑巴特认为，"美国工人不信奉我们欧洲大陆当前所理解的社会主义的'精神'，这个'精神'是真正有着马克思主义特征的社会主义"。

① Metz J. W., Baggins B：U. S. Presidential Elections：Leftist Votes. （https：//www. marxists. org/history/usa/government/elections/president/timeline. htm）.

社会主义的工会总是试图推翻资本主义制度并取而代之，但是作为当时美国最大和最重要的工会组织——劳工联盟（American Federation of Labor）与资本主义则是合作共生的关系，正是因为美国绝大多数工人与资本家能够友好相处，所以桑巴特认为美国实际上并不存在社会主义。桑巴特认为这里面有两方面的原因：一方面是美国工人比欧洲工人收入高、生活好，从而失去了对社会主义的兴趣，可称之为"富裕消除论"；另一方面则是美国工人在竞争的过程中找到了社会公正的价值，从而对否定竞争的社会主义不感兴趣，主要原因是美国受封建等级制度影响较少，美国工人也早早获得了普选权，所以他们可以在较为公平的环境中展开竞争，可以称之为"民主消除论"。第一个方面属于物质层面的分析，也许能够适于当时的状况，但是随之欧美工人生活水平差距的日益趋同，不再具有解释力。第二个方面属于意识层面的分析，在桑巴特身后则得以进一步发挥。①

丹尼尔·贝尔（Daniel Bell，1919—2011 年）在 1952 年出版的《美国的马克思社会主义》（*Marxian Socialism in The United States*）一书中认为，作为世界上最发达的资本主义国家，美国没有工党，阶级意识薄弱，左派知识分子的领导孱弱。路易斯·哈兹（Louis Hartz，1919—1986 年）在 1955 年的著作《美国的自由主义传统：独立革命以来美国政治思想的阐释》（*The Liberal Tradition in America：An Interpretation of American Political Thought since the Revolution*）中借用洛克式自由主义社会概念，以美国–欧洲比较政治的叙述方式，重新定义美国社会中存在的共识传统，并提出美国社会中潜伏存在的非理性政治因素乃是阻碍美国认识自身的最大敌人。他认为美国没有封建因素，是自由平等的国家，社会主义因此也就失去了发展基础。

1976 年桑巴特所著《为什么美国没有社会主义?》一书的英译

---

① ［德］维尔纳·桑巴特：《为什么美国没有社会主义》，赖海榕译，社会科学文献出版社 2014 年版。

本出版，该书由当时美国社会民主主义的头号理论家哈林顿①与美国社会党史著名研究者哈斯班兹（Christopher T. Husbands）分别为该译本写了序言与导言。这两篇文章可以说是美国左翼思想家在新左派运动②高潮期对这一问题的典型回答。哈林顿认为，20 世纪 60 年代的新左派运动就不是以穷人为基础，而是以"幸运的青年"为基础的。另外，19 世纪末 20 世纪初的德国也是工人的"幸运年代"，但此时恰恰也是德国社民党和工人运动大发展的时期，所以桑巴特的"富裕消除论"不能成立。与此同时，他认为"民主消除论"非常重要，尤其是美国工人阶级的"公民融合"（civic integration）观念甚至比桑巴特认为的更重要。他说，欧洲的社会主义运动与其说是因为经济问题，不如说是因为民权（civil – rights）问题。③

　　美国政治学家西摩·李普塞特④和盖瑞·马克斯（Gary Marks）在 2000 年出版的著作《它没有在这里产生：为什么社会主义在美

①　哈林顿（Michael Harrington），1928 年 2 月 24 日至 1989 年 7 月 31 日。哈林顿早年由一个天主教社会工作者转变为社会主义者，成为一名致力于穷人和被压迫者事业的热情的工人阶级理想主义者和鼓动家。早在朝鲜战争时，他就不顾当时的麦卡锡主义而持反战立场。1953 年他加入社会党，同时成为工人保卫联盟的组织干事与左派学生组织青年社会主义联盟的校园活动家，逐渐成为除美共以外的美国左派及工人运动的头号人物，并于 1968 年当选美国社会党主席。但面对 20 世纪 60 年代那种带有雅皮士色彩的"新左派"运动，本质上属于老派理想主义者的哈林顿并不适应，在对新左派感到失望之后，他转向更为激进的立场。1972 年他因持激进的反越战立场而与社会党决裂，并辞去主席之职，创建了更左的组织——民主社会主义者组织委员会。

②　20 世纪 60—70 年代，西方世界出现了盛极一时的新左派（New Left）运动，在美国，新左派运动围绕反越战、黑人的民权与女权等问题展开。

③　Sombart W：Why is There No Socialism in the United States? Translated by Hocking P M, Husbands C T. The Macmillan Press Ltd，1976.

④　西摩·李普塞特（Seymour Lipset），1922 年 3 月 8 日至 2006 年 12 月 31 日。毕业于纽约市立大学和哥伦比亚大学，曾在加利福尼亚大学伯克利分校、哈佛大学、斯坦福大学任教，主攻政治社会学、社会分层理论、公共舆论以及知识分子的社会学研究，担任过美国政治学会主席、社会学研究学会主席。在政治学、社会学领域研究颇丰。《政治人：政治的社会基础》（Political Man：The Social Bases of Politics）一书是李普塞特的代表作，该书曾获得美国普利策奖，出版后引起学术界的巨大轰动，从而也奠定了李普塞特的学术地位。李普塞特提出的"政治发展与现代化理论"在二战后一度盛行，该理论认为社会经济的发展必将导致民主政治的发展。但在解释拉美国家的军事政变时遇到困难。

国失败了》中认为，在 19 世纪末 20 世纪初，美国虽然也有过活跃的社会主义政党，但是 20 世纪 30 年代之后，社会主义政党基本上销声匿迹，李普塞特等直陈美国的社会主义者在以下三个方面均失败了：第一，他们没能建立、保持一个强大稳定的社会主义政党；第二，与其他英语国家不同，他们未能建立一个同主要工会联合起来的工党；第三，他们的政党没能赢得主要政党的地位。李普塞特等利用比较研究法，不仅将美国与其他国家作了对比，也从个人层面、城市层面和各州层面上作了考察，甚至还作了时间跨度上的比较。李普塞特等认为存在四个主要原因：价值观念方面的个人主义；工人阶级内部的种族和文化多样性；社会主义政党自身存在问题；不利于第三党存活的选举制度。在这四条因素中，他最强调的是第一条。①

可以说，几乎每一本研究美国激进主义和工人运动的著作，都或多或少地涉及过该问题。总体而言，对"美国没有社会主义"的解释基本包括以下方面：美国的民主制、两党制、没有封建传统、自由主义和美国主义、边疆的安全阀作用、较高的阶级流动性、中产阶级占多数、发达的市民社会、富裕与繁荣、工人的阶级意识不强、社会主义政党和主流工会的分裂、统治阶级的镇压以及移民和宗教原因，等等。

与桑巴特、李普塞特等人的观点相反，1995 年西恩·韦伦兹等人提问"为什么美国有社会主义"？他甚至认为美国是社会主义伦理原则的发祥地，"早在'社会主义'一词进入大众英语词汇之前，北美殖民地宗教的契约思想、美国独立革命中关于反抗权威压迫是人的自然权利的宣言、美国早期州宪法对共有财富的认可、建设无阶级国家的思想——所有这些让新共和国的政治文化特立独行的激进思想、以平等为中心的思想"都可归入社会主义之列。韦伦兹提出，社会主义在美国之所以看起来失败的原因在于其关

---

① Lipset S M, Marks G: It Didn't Happen Here: Why Socialism Failed in the United States. W. W. Norton & Company, 2000.

键内容已经广为接受，与此同时，尽管社会主义在美国滞碍难行，但美国的民主却让其成为各种名目的社会主义思想的实验室。来自世界各地的移民带来了五花八门的马克思主义、拉萨尔主义、无政府主义等；美国人自身也建立过数以百计的社会主义社区，比如乌托邦宗教社会、劳动合作社等，所以美国既是社会主义最弱的国家，同时也是社会主义最大的实验室。① 此外，美国政论家约翰·尼古拉斯在 2011 年出版的《美国社会主义传统》（The "S" Word：A Short History of an American Tradition…Socialism）一书，尼古拉斯认为追求平等、保障受压迫者的权利是社会主义的重要内涵。既然美国是作为"全世界被驱逐者和受压迫者的家园"而建立的，社会主义也就是美国当之无愧的建国理念。在社会主义者的努力下，社会主义理念潜移默化地成为美国的国家信念，影响到社会政策的制订，使公平和正义得到保障，为社会不断向前发展创造了条件。正是从这个角度出发，尼古拉斯认为，没有社会主义就没有美国的今天。② 不过这种观点在西方学术界显然并没有得到太多认可，应者寥寥。

国内学术界目前对于美国社会主义的研究有待深入，除翻译出版了桑巴特的名著《为什么美国没有社会主义》之外，国内学者的论述多见于有关美国政治、历史、文化方面的著作与论文中，与国外学术界讨论的范围大同小异，只不过国内学界大多认为美国是有社会主义的，但是在美国强大的资本主义环境下处境艰难而已。2005 年，许宝友撰文介绍了从桑巴特到李普塞特的美国社会主义例外论。他认为美国例外论实际上是一个具体的问题：为什么美国没有像其他工业化国家那样有重大影响的社会主义运动或工人政党？他还认为长期以来国内学者对这个问题的介

---

① 秦晖：《公平竞争与社会主义——"桑巴特问题"与"美国例外论"引发的讨论》，《战略与管理》1997 年第 6 期。

② ［美］约翰·尼古拉斯：《美国社会主义传统》，陈慧平译，社会科学文献出版社 2013 年版。

绍和研究寥若晨星，大家已经习惯于视美国例外论为奇谈怪论，在谈到这个问题时，基本上是沿袭国际共产主义运动史的传统，对之予以痛斥和批判。只是近年来，一些国内学者才开始关注这一问题，有了从不同角度对美国例外论问题进行探讨的尝试，打破了美国例外论研究的沉寂局面。[①] 此处择其要者略述如下。

有不少学者是从美国社会主义的发展历史角度分析的。1982年叶宗奎、冯民安在《历史教学》第7期上刊文，认为从政党产生的历史背景、党的指导思想和党的纲领内容、党的实践活动等三个方面来看，19世纪70年代先后组建的美国社会主义工人党与德国社会民主党、法国工人党都是无产阶级性质的政党。[②] 1986年陆镜生在《美国社会主义运动史》一书中详细地论述了从19世纪50年代初至20世纪10年代末美国社会主义运动的历史进程，正值从科学社会主义开始传播到美国共产党成立这一历史时期。在该书最后一章"美国社会主义运动史学述评"中，介绍了主要流派在"美国社会主义运动为什么没能取得成功"这一问题上的争论。陆镜生对"美国例外论"给予了彻底的否定和坚决的批判，他认为美国并没有处于资本主义发展的普遍规律之外，社会主义运动能否成功取决于主客观条件是否成熟。他对未来的研究提出了殷切希望，相信"只要坚持按照马克思主义的基本原理，深入了解美国社会主义运动的历史事实进行长期的研究，总是能够找到比较科学的答案的"[③]。1987年，任知初在书评中认为，《美国社会主义运动史》是中国史学界研究国别社会主义运动史的第一部专著，填补了这一领域的空白，在某种意义上说是具有开拓性意义的。[④] 2000年，郭更新、丁淑杰撰文分析了20世纪美国社会

[①] 许宝友：《从桑巴特到李普塞特的美国社会主义例外论——国外名家论社会主义（四）》，《科学社会主义》2005年第1期。

[②] 叶宗奎、冯民安：《关于德国社会民主党、法国工人党、美国社会主义工人党的性质》，《历史教学》1982年第7期。

[③] 陆镜生：《美国社会主义运动史》，天津人民出版社1986年版。

[④] 任知初：《简评〈美国社会主义运动史〉》，《历史教学》1987年第8期。

主义经历过的三次潮起潮落。他们认为背后的客观原因是美国特殊的社会经济政治环境，诸如资本主义经济相对成功导致的"丰裕社会"，强大的资产阶级国家机器和反共势力，稳固的联邦制、两党制和选举制，思想文化传统的美国主义、个人主义、实用主义，国际共产主义运动的外部影响，等等；主观原因则是美国社会主义理论基础薄弱、工人阶级的阶级偏见和阶级结构的复杂，缺乏社会主义的坚强领导核心，党的组织和运动内部存在种种不足，等等。① 2009 年，刘瑜认为，从"政策"而非"政党"的角度来看，没有理由认为"社会主义"在美国遭受了失败。她甚至认为，虽然美国的社会主义政党在 20 世纪 30 年代以后就失势了，但是民主党在特定的历史时期内承担了"社会主义政党"的功能。② 2013 年，奚广庆提出美国不是没有社会主义，而是没有西欧式的社会主义。所谓美国没有社会主义的观点，是违背历史规律和美国发展实际的误断。近代以来的美国有自己特色的社会主义思潮和运动。现代社会主义深深扎根于现代资本主义之中，它是一个不停顿发展变化的有机体，研究美国和各种社会主义都必须坚持与时俱进的观点。③

也有学者从美国政府和政治的角度来落笔。1993 年，崔之元论及美国社会主义思潮的新动向，他认为当时的美国总统经济顾问委员会里的三个主要成员，主席劳拉·泰森（Laura Tyson）、阿兰·布兰德（Alan Blinder）、约瑟夫·斯蒂格利兹（Joseph Stiglitz），都具有浓厚的社会主义思想。此外，当时的美国劳工部长罗伯特·怀特极力推行西班牙蒙特拉贡式的工人合作社的组织原则，他认为社会民主主义只是在资本主义体制内进行的改革，没有什么出路。崔之元甚至认为所谓资本主义与民主是

① 郭更新、丁淑杰：《二十世纪美国社会主义的潮起潮落》，《当代世界与社会主义》2000 年第 3 期。
② 刘瑜：《民主的细节：美国当代政治观察随笔》，上海三联书店 2009 年版。
③ 奚广庆：《关于美国有没有社会主义的几点讨论》，《当代世界社会主义问题》2013 年第 3 期。

一致的观点是不符合历史事实的，因为资本主义承认财产的不平等，有财产者才有选举权，资本主义不仅对选举权有财产限制，对被选举权有更大的财产限制；民主则强调人人具有选举权，也是欧洲社会主义运动的成果。这说明社会问题并不能简单地靠私有制、市场、议会民主就可以解决。① 武彬等认为，奥巴马政府执政以来，虽然推行了一些有利于社会下层的改革，但这些改革与社会主义几乎毫无关联。无论是罗斯福还是奥巴马，他们奉行的都不是社会主义，而是自由主义。② 轩传树等认为在 2016 年美国大选过程中，主张社会主义的桑德斯一度风生水起，赢得一大批选民尤其是青年选民的关注与拥护。这种现象对于一个长期被视为社会主义例外的国家来说，似乎有些反常。但是，如果透过这种现象背后的现实背景和历史逻辑，就会发现当今美国社会主义之所以意外崛起是多种因素综合作用的结果。有桑德斯以社会主义为名的竞选主张迎合了民众内心关切的主观因素，有金融危机深化、贫富差距扩大教育了民众进而改变了他们对社会主义既有偏见的现实原因，也有美国本土一直绵延不绝的社会主义历史基因，以及世界社会主义开始复兴带来的外在因素。美国社会主义的意外崛起无疑再次证明美国也并非社会主义例外。③

　　国内学者对美国共产党尤其关注，写了很多关于美国共产党的文章，比如丁淑杰、刘保国等于 2007 年后分别撰文介绍了世纪之交美国共产党对社会主义理论进行的新探索，包括党的指导思想、党的性质、社会主义的基本特征、美国通向社会主义的道路等。他们都认为，美共所提出的具有美国特色的社会主义理论与现实社会主义国家的社会主义理论之间既有共同点，也有差异点。两

---

① 崔之元：《美国社会主义思潮的新动向》，《经济社会体制比较》1993 年第 5 期。

② 武彬、刘玉安：《为什么美国没有社会主义？——兼论奥巴马政府的治国理念》，《当代世界社会主义问题》2012 年第 4 期。

③ 轩传树、谭扬芳：《意料之外还是情理之中：美国大选中的社会主义现象评析》，《国外社会科学》2016 年第 6 期。

者的共同点包括对马克思列宁主义的认同，对公有制的认同，对民主、自由、平等、公平、正义价值的认同，对走符合本国国情的社会主义发展道路的认同，等等。两者的差异则包括对实现社会主义的道路等的认识，比如，美共认为民主是通向社会主义的可行途径，社会主义建设要基于美国民主传统之上，把民主作为社会主义的核心和本质特征。这种差别的根源在于美国拥有高度发达的生产力，发达的经济基础，悠久的资产阶级民主传统和独特的政治文化，以及特有的民族传统、风俗和习惯等。所有这一切都与现实社会主义国家有所不同，从而造成了对社会主义的构想、社会主义建设的主要任务以致在社会主义的整个发展道路的理论和实践上的差异。①

认为美国没有社会主义的观点在国内处于边缘地位。1997 年秦晖在《公平竞争与社会主义——"桑巴特问题"与"美国例外论"引发的讨论》中，分别介绍了哈林顿、李普塞特、韦伦兹等人的观点，他认为"社会主义者爱美国"与"美国不爱社会主义"都由来已久。就前者来说，远在 1824 年，"空想社会主义者"英国人欧文在祖国壮志难酬，便跑到美国的印第安纳州建立了"新协和村"（New Harmony），仅仅两年之后就失败了，欧文则于 1828 年返回英国继续为工人阶级呼吁；就后者来说，不仅美国共产党在美国不成气候，其他模式的诸种"社会主义"乃至反对资本主义市民社会的各色意识形态在美国社会也都难以生根，起码与资本主义世界的其他主要国家相比是如此。② 武彬等认为，社会主义有着许多不同的定义和不同的形态，但有两点是共同的：对资本主义制度持批判、否定的态度；以广大工人群众为基础的有组织

---

① 丁淑杰：《美国共产党对社会主义理论的新探索》，《科学社会主义》2007 年第 2 期；刘保国、任志祥：《美国共产党对社会主义实现条件的新认识》，《长沙理工大学学报》（社会科学版）2008 年第 4 期；丁淑杰：《美国共产党积极探索美国特色社会主义》，《求实》2010 年第 10 期。

② 秦晖：《公平竞争与社会主义——"桑巴特问题"与"美国例外论"引发的讨论》，《战略与管理》1997 年第 6 期。

的社会运动。目前世界最大的社会主义政党组织——社会党国际①——拥有一百多个成员党，遍布五大洲。与此同时，他们沿袭了桑巴特的观点，认为美国没有社会主义。此外，美国独特的政党制度，使得社会主义政党在内的第三政党从来没有在美国政坛上产生实质性的影响，并使得"社会主义"在美国一直是一个贬义的、异己的、反动的甚至是可怕的字眼。"罗斯福新政"就曾经被攻击为"偷偷摸摸的社会主义"。②

在试图解释美国的社会主义何以失败这一问题时，我们要以马克思主义的基本原理为指导，舍此别无他途。实际上，尽管马克思、恩格斯在1848年《共产党宣言》中提出了"两个必然"的命题，但是我们也不要忘记马克思在1859年的《〈政治经济学批判〉序言》中提出了"两个决不会"原理，即"无论哪一个社会形态，在它所能容纳的全部生产力发挥出来以前，是决不会灭亡的；而新的更高的生产关系，在它的物质存在条件在旧社会的胎胞里成熟以前，是决不会出现的"③。这无疑是关于资本主义与无产阶级革命之间关系的精辟论述。尽管资本主义必将被社会主义所取代，但是这个过程必定充满了曲折。因此，我们一定要牢记恩格斯晚年反复强调的马克思主义是动态的理论，而不是僵死的教条。他在1886年底写给美国社会主义者弗洛伦斯·凯利－威士涅威茨基的信中指出："我们的理论不是教条，而是对包含着一连串互相衔接的阶段的发展过程的阐明。"④ 在1887年1月给威士涅威茨基的信中，恩格斯再次指出："我们的理论是发展着的理论，而不是必

---

① 英文名为 Socialist International，缩写 SL。1951年7月在联邦德国的法兰克福召开社会党国际第八次代表会议，宣布重建社会党国际，总部设在英国伦敦。社会党国际是主张民主社会主义的社会党、社会民主党和工党的国际联合组织，前身则是1923年在德国汉堡成立的社会主义工人国际（Labour and Socialist International，1923 – 1940），参见 http://socialistinternational.org/。

② 武彬、刘玉安：《为什么美国没有社会主义？——兼论奥巴马政府的治国理念》，《当代世界社会主义问题》2012年第4期。

③ 《马克思恩格斯文集》第2卷，人民出版社2009年版，第592页。

④ 《马克思恩格斯文集》第10卷，人民出版社2009年版，第560页。

须背得烂熟并机械地加以重复的教条。"①

　　按照马克思在《资本论》第一版序言中提出的命题："问题本身并不在于资本主义生产的自然规律所引起的社会对抗的发展程度的高低。问题在于这些规律本身，在于这些以铁的必然性发生作用并且正在实现的趋势。工业较发达的国家向工业较不发达的国家所显示的，只是后者未来的景象。"② 在所有的西方国家中，可能只有美国不存在强大的社会主义政党。通过研究美国例外论和美国社会主义，有助于加深对资本主义、社会主义的本质和规律的认识，更有助于我们把握美国政治和社会发展的脉搏。鉴于国内现有对美国社会主义的研究，大多论述的是美国共产党的历史，而对于其他自称信奉社会主义、反资本主义的政党述及甚少，本书将以介绍美国共产党为主线，同时介绍与美国共产党存在历史渊源的其他政党，通过比较这些政党的历史和现状，探索美国社会主义在未来发展的可能性。

　　本书分为三大部分。

　　第一部分即第二章，简要回顾苏东剧变以前美国的社会主义政党的兴衰历史，厘清美国共产党和其他存在历史渊源的社会主义政党之间的关系。其中，首先分阶段介绍了美国共产党的成立与发展概况，简要介绍了美国共产党遭遇的几次法律诉讼；其次按成立时间为序分别介绍了第一个社会主义政党社会主义工人党、美国社会党及由其分裂产生的政党；最后简要介绍了美国其他三个共产党的兴衰。

　　第二部分包括第三章到第六章，主要介绍了苏东剧变后美国主要的反对资本主义政党的活动。其中，首先介绍了美国共产党在苏东剧变后对社会主义理论的顽强探索，特别提出了"权利法案社会主义"的奋斗目标；介绍了美国共产党的组织结构、党员人数，以及开展的主要活动，特别是积极参与各种选举活动。其次，

---

① 《马克思恩格斯文集》第 10 卷，人民出版社 2009 年版，第 562 页。
② 《马克思恩格斯文集》第 5 卷，人民出版社 2009 年版，第 8 页。

简要介绍了美国民主社会主义者、美国社会党各自对社会主义理论和实践的探索。再次,介绍了近十几年来崛起的反资本主义政党——美国绿党的绿色政治理念和绿色新政主张,以及参与竞选的情况。最后,分析了2008年金融危机对美国社会主义发展产生的影响,批判了新自由主义对金融危机负有不可推卸的责任,认为占领华尔街运动是对资本主义制度的直接否定,并且指出正是这次金融危机促成了人们对资本主义的反思。

第三部分包括第七章和第八章,首先分析了社会主义运动在美国没有产生足够影响的原因,包括美国独特的社会问题阻碍了社会主义理念的发展、工人的思想认识受到局限、资本家想方设法愚弄工人以及工人政党在历史上屡屡出现失误等方面。其次,对美国社会主义的未来前景作了简要展望,指出美国社会主义尽管目前仍然不够强大,但是随着资本主义自身内在矛盾的进一步发展,社会主义的未来仍然值得期待,尤其是伯尼·桑德斯在2016年美国大选预选中以民主社会主义者的身份异军突起,重新点燃了美国人对社会主义的兴趣。如果美国社会的两极分化继续加剧,贫困人群对社会主义理念的支持将会进一步加强,这将是美国社会主义政党发展的良机,也有可能推动美国社会主义运动的进一步发展。

第一章 由盛而衰：苏东剧变以前的美国社会主义政党

本章简要回顾1989年苏东剧变以前的美国社会主义运动历史，厘清美国共产党与其他社会主义政党之间存在的历史渊源。

美国的社会主义思想发端于19世纪，几乎与欧洲的社会主义思想同步发展。19世纪70年代，第一国际（First International）①的总部曾经迁移到美国。1883年，在马克思逝世之际，大约有6千人在纽约举行隆重集会，以此纪念马克思对共产主义事业的贡献，这是当时世界上举行的规模最大的相关悼念活动。② 在以后的岁月里，通过马克思主义等左翼政党坚持不懈的奋斗，工人运动在世界各国都逐渐成为影响巨大的社会力量。

第一节 社会主义思想在美国的产生和发展

在1848年欧洲革命失败以后，许多革命者开始流亡美国。约瑟夫·魏德迈（Joseph Weydemeyer，1818—1866年）于1851年到

---

① 即1864年在英国伦敦建立的国际工人协会（International Workingmen's Association，简称IWA）。马克思是创始人之一和实际上的领袖。由于名称太长，人们习惯取它的第一个单词"International（国际）"作为代称，到1889年第二国际（Second International，1889 – 1916）成立后，始称"第一国际"。1871年，第一国际法国支部参加并领导了巴黎公社运动，但是随着巴黎公社的失败，组织也日渐衰弱。按照马克思和恩格斯的建议，1872年在海牙召开的国际工人协会代表大会上作出把总委员会迁往纽约的决定。1876年在美国费城召开的代表会议上正式宣布解散。

② 孙兆臣：《美国学者谈美国共产党的发展与使命》，《国外理论动态》2000年第1期。

达美国，同阿道夫·克路斯（Adolf Cluss，1825—1905 年）等共产主义者同盟（Communist League，1847—1852 年）[①] 的成员在美国宣传科学社会主义。他们运用马克思主义的基本原理，解释美国的经济和政治问题，先后建立了共产主义者同盟美国支部、无产者同盟和美国工人同盟，推动了美国社会主义的发展。[②] 但是，科学社会主义此时在美国的影响力极其有限，这主要是因为当时美国的阶级关系尚不成熟。

美国在南北内战以前基本上是一个手工业和农业国家，其农业产值大于工业产值，而且大多数工业部门以农林产品加工为业，手工业则是制造业的主体。企业主大多数是手工工匠和小农场主；

---

① 共产主义者同盟是历史上第一个建立在科学社会主义基础上的无产阶级政党，于 1847 年在伦敦成立。共产主义者同盟的前身是 1836 年成立的正义者同盟（League of the Just），这是一个主要由无产阶级化的手工业工人组成的德国政治流亡者秘密组织，后期也有一些其他国家的人参加。随着形势的发展，正义者同盟的领导成员终于确信马克思和恩格斯的理论正确，并认识到必须使同盟摆脱旧的传统和方式，遂于 1847 年邀请马克思和恩格斯参加正义者同盟，协助同盟改组。1847 年 6 月，正义者同盟在伦敦召开第一次代表大会，按照恩格斯的倡议把同盟的名称改为共产主义者同盟，因此这次大会也是共产主义者同盟的第一次代表大会。大会还批准了以民主原则作为同盟组织基础的章程草案，并用"全世界无产者，联合起来！"的战斗口号代替了正义者同盟原来的"人人皆兄弟！"的口号。同年 11 月 29 日至 12 月 8 日举行的同盟第二次代表大会通过了章程，大会委托马克思和恩格斯起草同盟的纲领，这就是 1848 年 2 月问世的《共产党宣言》。由于法国革命爆发，在伦敦的同盟中央委员会于 1848 年 2 月底把同盟的领导权移交给了以马克思为首的布鲁塞尔区部委员会。在马克思被驱逐出布鲁塞尔并迁居巴黎以后，巴黎于 3 月初成了新的中央委员会驻地，恩格斯当选为中央委员。1848 年 3 月下旬到 4 月初，马克思、恩格斯和数百名德国工人（他们多半是共产主义者同盟盟员）回国参加已经爆发的德国革命。马克思和恩格斯在 3 月底所写的《共产党在德国的要求》是共产主义者同盟在这次革命中的政治纲领。当时，马克思主编的《新莱茵报》已成为共产主义者同盟的领导和指导中心。虽然革命的失败打击了共产主义者同盟，但它仍然于 1849—1850 年进行了改组并继续开展活动。1850 年夏，共产主义者同盟中央委员会内部在策略问题上的原则性分歧达到了很尖锐的程度。以马克思和恩格斯为首的中央委员会多数派坚决反对维利希—沙佩尔集团提出的宗派主义、冒险主义的策略，反对它无视客观规律和德国及欧洲其他各国的现实政治形势而主张立即发动革命。1850 年 9 月中，维利希–沙佩尔集团的分裂活动终于导致了同盟与该集团的分裂。1851 年 5 月，由于警察的迫害和盟员的被捕，共产主义者同盟在德国的活动实际上已陷于停顿。1852 年 11 月 17 日，在科隆共产党人案件发生后不久，同盟根据马克思的建议宣告解散。共产主义者同盟发挥了巨大的历史作用，它是培养无产阶级革命家的学校，是国际工人协会（第一国际）的前身，相当多的前共产主义者同盟盟员都积极参加了国际工人协会的建立工作。

② 陆镜生：《美国社会主义运动史》，天津人民出版社 1986 年版，第 34 页。

80% 的人口住在农村。内战前的工会主要由手工工匠和技工组成，产业工人尚没有成为工人运动的主力。手工工匠和技工组成的工会主要是为恢复和保持手工工匠过去享有的社会上和经济上的"平等"权利和地位而进行斗争。整个工人运动处于资产阶级民主思想、乌托邦的改良思想和资产阶级政党的影响之下。由于资本主义的经济关系和阶级关系尚不成熟，所以在美国内战前工人运动不够广泛。所有这些情况，对于在美国传播科学社会主义和开展科学社会主义运动都是不利的。①

马克思、恩格斯认为美国西部广袤的土地有助于缓解阶级矛盾。他们在 1850 年指出："在北美，阶级矛盾还发展得很不充分；阶级冲突每一次都由于把过剩的无产阶级人口迁往西部而得到平息；国家政权的干预在东部降到了最低限度，在西部则根本不存在。"②

马克思在 1852 年又一次指出，在北美合众国"虽然已有阶级存在，但它们还没有固定下来，它们在不断的运动中不断变换自己的组成部分，并且彼此互换着自己的组成部分；在那里，现代的生产资料不仅不和停滞的人口过剩现象同时发生，反而弥补了头脑和人手方面的相对缺乏；最后，在那里，应该占有新世界的那种狂热而有活力的物质生产运动，没有给予人们时间或机会来结束旧的幽灵世界"③。

第二节　美国共产党的成立与发展

在历史上，美国共产党（Communist Party USA，简称 CPUSA）曾经数次易名。1921 年底至 1925 年 8 月，以美国工人党（Workers Party of America，简称 WPA）的名义开展活动；1925 年 8 月 21—30

---

① 陆镜生：《美国社会主义运动史》，天津人民出版社 1986 年版，第 23 页。
② 《马克思恩格斯全集》第 10 卷，人民出版社 1998 年版，第 351 页。
③ 《马克思恩格斯选集》第 1 卷，人民出版社 2012 年版，第 677 页。

日，在第四次全国代表大会上，WPA 改名为"美国工人（共产）党"［Workers（Communist）Party of America］。1929 年 3 月 4—10日，在第六次全国代表大会上再次改名为"美国共产党"（Communist Party, USA，简称 CPUSA）。1944 年 5 月 20—22 日，在第十二次全国代表大会上又改名为"共产主义政治协会"（Communist Political Association），次年 7 月 26—28 日，召开第十三次全国代表大会，又改回原名"美国共产党"（Communist Party, USA，简称 CPUSA），并沿袭至今。

一　成立

1919 年 8 月 31 日、9 月 1 日，美国社会党内的左翼党员先后成立了美国共产主义劳工党（Communist Labor Party of America，简称 CLP）和美国共产党（时称 Communist Party of America，简称CPA）。两党都表示赞成共产国际（Communist International，简称Comintern)[①] 的路线，并且都加入了共产国际。[②] 为了整合美国共产主义运动中的革命力量，共产国际执委会召集两党代表共同商讨，制订了一份合并协议，但两党并未立即执行。1920 年 5 月26—31 日，共产主义工人党（CLP）与从美国共产党（CPA）分裂出来的鲁登堡（Charles Emil Ruthenberg, 1882 年 7 月 9 日至1927 年 3 月 1 日）集团举行合并大会，成立了统一共产党（United Communist Party，简称 UCP）。

1920 年 8 月至 9 月，共产国际执委会在两次会议上的决定都限令统一共产党（UCP）与美国共产党（CPA）两党合并，但两党迟迟未采取行动，未能实现统一。到了 1921 年 3 月，执委会再次召开有两党代表参加的会议，认为两党拒绝合并就等于是一种反对共产国际的行为，如果两党在共产国际第三次代表大会（1921 年 5 月）之前还不合并，两党代表将不得出席此次大会。1921 年 5 月 15—28

---

① 亦称第三国际（Third International），1919 年 3 月 2 日至 1943 年 5 月 15 日。
② ［美］威廉·福斯特：《美国共产党史》，世界知识出版社 1957 年版，第 165 页。

日，CPA 与 UCP 举行合并大会，取名为美国共产党（Communist Party of America，简称 CPA），两个共产党终于实现了合并。[1]

二 遭受帕麦尔大搜捕的挫折

1920 年 1 月 20 日夜，根据 1918 年煽动叛乱法（Sedition Act of 1918，1918 年 5 月 16 日生效，1920 年 12 月 13 日废止）[2]，美国司法部在全国 70 个城市同时展开搜捕行动，[3] 据估计共有一万人被捕。当时的两个共产主义政党（包括美国共产党、共产主义劳工党）的大部分领袖都被关进监狱，美国共产党总书记鲁登堡等人被判处长期徒刑，美国共产主义劳工党的 39 位负责人被提起公诉。此外，还驱逐了 500 名以上的外侨，正式当选众议员的维克多·伯格[4]被剥夺了议席，还有纽约州议会也剥夺了其他 5 名社会党议员的席位。尽管两个共产主义政党都关闭了各自的全国总部，但是还坚持着公开活动，公开发行刊物，比如统一共产党的《劳动者》，工人理事会也在公开活动和出版报纸。当时这两个党的纲领和活动都是合法的，完全是在宪法保护范围内，只不过是由于当时普遍施行的暴力和非法压制，党才无法公开行使这些民主权利。在帕麦尔大搜捕结束后，美国联邦政府在 25 年的时间里没有质疑过共产党的合法地位。但是，帕麦尔大搜捕的确在实际上剥夺了两党的言论自由、集会自由等民主权利。[5]

为了开展完全公开的活动，美国共产党于 1921 年 7 月在纽约成立了合法的外围组织：美国劳工联盟（Amerian Labor Alliance），其宗旨是"通过一个中央机构来团结国内在政治上和在经济上有

---

① 鲁仁：《关于美国共产党和美国共产主义工人党统一的协议》，《国际共运史研究资料》1986 年第 1 期。

② https://wwi. lib. byu. edu/index. php/The_ U. S. _ Sedition_ Act.

③ 因其领导者为时任司法部部长 A. 米契尔·帕麦尔（A. Mitchell Palmer），故称为"帕麦尔大搜捕"。

④ 维克多·伯格（Victor Luitpold Berger），1860 年 2 月 28 日至 1929 年 8 月 7 日。

⑤ ［美］威廉·福斯特：《美国共产党史》，世界知识出版社 1957 年版，第 184—185、204 页。

不满情绪的广大的'左翼'力量,并且把他们环绕着一个共同的目标集合起来"。后来,美国劳工联盟又认为"美国有觉悟的工人组织一个新的革命政党的时机已经成熟了",为此在12月底与由退出美国社会党的左派党员成立的"工人理事会"(Workers Council)联合建立了"美国工人党"(Workers Party of America)。这次大会也成为美国共产党的第一次全国代表大会。大会通过的纲领宣称,"工人党将勇敢地为保卫工人并为废除资本主义而积极进行斗争"。纲领具体分析了美国所处的国际环境和美国帝国主义的一般情势,指出了开展群众斗争的方向:工人应按各自行业参加工会,在工会中组织左派工人少数派,争取制订战斗的纲领,解除反动工会领导职务;支持黑人的解放斗争,帮助他们争取经济上、政治上和社会关系上的平等地位;组建美国青年工人联盟。大会在一项决议中提出,要加强斗争来改善妇女的境遇。威廉·福斯特(William Z. Foster,1881年2月25日至1961年9月1日)认为,这次大会是美国共产党历史上的一个重要阶段,完成了美国一切共产主义力量长期追求的统一目标,不仅完成了共产党的创立阶段,还结束了仅仅只是宣传社会主义的阶段,走上了发动群众的道路,特别是标志着党在公开活动方面迈出了重要一步。[1]

随着政治局势的变迁,美国共产党实现公开活动的时机到来了。1923年4月7日,美国共产党宣布与工人党实现完全合并,从而结束了帕麦尔大搜捕以来"地下党"的状态。此后,在1925年的代表大会上,工人党更名为"工人(共产)党",在1930年的代表大会上,又更名为"美国共产党",赢得合法的言论自由和集会自由的基本权利成为美国民主力量的一个重大胜利。[2]

三 罗斯福新政时期

1933年美国共产党开始猛烈抨击罗斯福新政(New Deal),认

---

① 〔美〕威廉·福斯特:《美国共产党史》,世界知识出版社1957年版,第197—202页。
② 同上书,第205页。

为新政代表的是华尔街银行家和大企业的利益，而全国工业复兴法（National Recovery Administration）则是要给劳工套上新的枷锁，新政与法西斯政府的措施相符，标志着美国正朝着法西斯的方向发展。要想摆脱危机的唯一出路，就是废除资本主义，建立工人、农民和黑人等组成的新型政府。①

1935年，根据共产国际七大关于建立广泛的反法西斯人民阵线的精神，美国共产党提出要放弃"宗派主义、古板和机械的方法"，积极推动建立反法西斯统一战线。此后，美国共产党与世界产业工人联合会的中派力量建立了中左联盟，极大地推动了美国劳工运动的发展。美国共产党同时在黑人、青年、妇女、文化界广泛开展民主斗争，在各种组织中积极发挥作用；美国共产党还曾动员了3000名志愿者参加西班牙反法西斯斗争，为世界反法西斯战争的胜利作出了自己的贡献。在人民阵线时期，美国共产党的力量大幅度增长，在20世纪20年代末时美国共产党仅有万余名党员，至1939年，美国共产党自称拥有的党、团员人数分别达到10万人和2.2万人，并领导或影响了一批工会组织。②

四　第二次世界大战时期

1939年8月23日，苏联与德国签订互不侵犯条约③，对此，美国共产党声称，苏德条约是对英、法、德、意四国慕尼黑协定

---

① 丁淑杰：《美国共产党的社会主义理论与实践》，中国社会科学出版社2010年版，第7页。

② 郭更新、丁淑杰：《二十世纪美国社会主义的潮起潮落》，《当代世界与社会主义》2000年第3期。

③ 《苏德互不侵犯条约》（Molotov－Ribbentrop Pact，又称苏德条约、莫洛托夫—里宾特洛甫条约或希特勒—斯大林条约）是1939年8月23日苏联与纳粹德国在莫斯科签订的一份秘密协议。苏方代表为莫洛托夫，德方代表为里宾特洛甫。该条约划分了苏德双方在东欧地区的势力范围。这个条约造成日后苏联对波兰的侵略，苏联为了应对来自西线的可能的战争威胁、争取备战的时间，于1939年9月至1940年8月间，以保卫"西部边界安全"为目的，在东欧建立战争缓冲带。《苏德互不侵犯条约》是英法等国绥靖政策企图祸水东引的必然结果，条约的签署为苏联争取了更多时间备战，但也使波兰成为大国博弈的牺牲品。

(Munich Agreement)① 的粉碎性打击，正是苏联的出现才极大地限制了纳粹战争目标的方向。

1939 年 9 月，美国共产党把焦点从反对法西斯主义转为鼓吹和平，不仅反对备战，而且谴责反对希特勒的人。美国共产党开始批评英国、法国，还抨击罗斯福总统的顾问。1939 年 10 月美国共产党开始抨击罗斯福总统。美国共产党的这种态度转变在国内产生了不良后果：一方面被贴上了"莫斯科的代理人"标签，另一方面在美国共产党党内造成了分裂，尤其是知识分子纷纷退党，反法西斯人民阵线组织土崩瓦解。到 1940 年，美国国会通过《史密斯法》②，迫使美国共产党不得不宣布解除与共产国际和一切境外团体的组织联系，并在党章上规定，党员必须是美国公民。③

1941 年 6 月 22 日，苏德战争爆发，德军入侵苏联，美国共产党立即表示，世界大战的性质已经改变，美国共产党必须对战争采取新的态度，它呼吁全力支援苏联、英国及一切与希特勒作战的国家，保卫美国。④ 美国共产党在斗争立场上的这种摇摆不定，不仅让自己陷入被动境地，也导致自身的影响力明显下降。

---

① 1938 年 9 月 29—30 日，英国首相张伯伦（Arthur Neville Chamberlain FRS，1869 年 3 月 18 日至 1940 年 11 月 9 日）、法国总理达拉第（Édouard Daladier，1884 年 1 月 18 日至 1970 年 10 月 10 日）、德国纳粹元首希特勒（Adolf Hitler，1889 年 4 月 20 日至 1945 年 4 月 30 日）和意大利首相墨索里尼（Benito Mussolini，1883 年 7 月 29 日至 1945 年 4 月 28 日）在德国慕尼黑举行会议（史称慕尼黑会议，Conference of Munich），决定把捷克斯洛伐克的德意志族聚居区苏台德领土割让给德国。慕尼黑协定（全称《关于捷克斯洛伐克割让苏台德领土给德国的协定》）的主要内容包括：捷将苏台德地区割让给德国，德军于 1938 年 10 月完成对上述地区和其他德意志族占多数地区的占领，这些地区存在的任何设备必须完好地交给德国；对上述不能确定德意志族是否占居民多数的捷其他地区，应暂由英、法、德、意、捷代表组成的国际委员会占领，于 11 月底前举行公民投票，以确定其归属，并划定最后边界；捷政府应在 4 周内释放正在服刑的苏台德政治犯；有关政府须在 3 个月内解决捷境内的波兰和匈牙利少数民族问题，否则，德、英、法、意首脑将再次开会讨论；英法保证捷新边界不受侵略；当捷境内少数民族问题已解决时，德国也将对捷提供保护。

② 《史密斯法》（Smith Act）又称为《1940 年外侨登记法》（Alien Registration Act of 1940）。

③ 丁淑杰：《美国共产党的社会主义理论与实践》，中国社会科学出版社 2010 年版，第 9 页。

④ 同上书，第 10 页。

1942 年，时任美国共产党总书记的白劳德（Earl Russell Browder，1891 年 5 月 20 日至 1973 年 6 月 27 日）提出，美国共产党要"跟着罗斯福走，一切服从罗斯福的政策"，宣称社会主义纲领是和"杰斐逊创立的民主"有机结合的，"共产主义就是 20 世纪的泛美主义"。德黑兰会议（Tehran Conference，1943 年 11 月 28 日至 12 月 1 日）后，白劳德认为帝国主义的本性已经改变，资本主义大国旨在消灭苏联的政策已告结束；战后会出现永久的和平，一个"世世代代消除战争祸患"的时代已经到来；国内阶级营垒或政治集团的划分"已经毫无意义"。为此，他要求美国共产党和工人阶级为了实现德黑兰会议开创的前景、实现全国团结而放弃社会主义。1944 年 5 月 20—22 日，美国共产党召开第十二次全国代表大会，白劳德将其错误思想付诸行动，宣布解散党组织，成立非党组织"共产主义政治协会"（Communist Political Association）。1945 年 7 月，共产主义政治协会举行紧急代表大会（是为美国共产党第十三次全国代表大会），全面批判了白劳德的错误路线，决定解散协会，恢复重建美国共产党，并选举威廉·福斯特为全国主席，大会修改后的章程宣称，美国共产党是美国工人阶级的政党，以科学社会主义和马列主义的原则为基础，争取实现社会主义。[①] 接下来美国共产党遭遇了一系列起诉，其法律依据则是国会于 1940 年 6 月通过的《史密斯法》（Smith Act）。

五 依《史密斯法》对美国共产党领导人的审判（1949—1958 年）

1948 年美国联邦调查局（FBI）时任局长埃德加·胡佛（J. Edgar Hoover，1895 年 1 月 1 日至 1972 年 5 月 2 日）向杜鲁门总统（Harry S. Truman，1884 年 5 月 8 日至 1972 年 12 月 26 日）建议：引用《史密斯法》对付共产党及其同情者。当时杜

[①] 丁淑杰：《美国共产党的社会主义理论与实践》，中国社会科学出版社 2010 年版，第 10—12 页。

鲁门正面对来自共和党对手的指责，即民主党对共产主义姑息纵容。此外，在美国国内打击共产党也有助于执行他的国际政策，比如在共产主义正蔓延的希腊、意大利和法国镇压所谓的"叛乱者"，而共产党据信会夺得对这些国家政府的一部分甚至全部控制。1948 年 7 月 20 日，美国共产党全国政治局委员 12 人被捕，罪名正是违反了 1940 年《史密斯法》。这 12 人包括：共产党主席福斯特、总书记丹尼斯、组织书记温斯顿、劳工书记威廉逊、教育书记斯塔彻、纽约区主席汤普逊、纽约市参议员戴维斯、《工人日报》编辑盖茨、皮毛工人工会联合会干事鲍塔希、伊利诺伊州区主席吉伯特·格林、密歇根州区主席温特、俄亥俄州区主席霍尔。福斯特因为患有心脏病，被另案审理，后来法庭指定的四位医生证明，如果对他进行长期审判，会危害其生命。①

审判从 1949 年 1 月 17 日开始，3 月 7 日 11 名共产党人作为被告首次出庭；10 月 14 日法庭作出宣判，除了汤普逊之外，其他 10 名被告都被判处 5 年徒刑，并各罚款 1 万美元，而汤普逊因为在第二次世界大战时的英勇表现，被判处 3 年徒刑。1950 年 8 月 1 日，第二联邦巡回上诉法院维持了对 11 名共产党领袖的裁决和判决，1951 年 6 月 4 日，美国联邦最高法院又以 6 票对 2 票维持了这个判决和裁决。②

杜鲁门政府利用《史密斯法》对付美国共产党领袖的做法，不仅对美国共产党，而且对美国共产党曾积极参与的各个组织都是沉重打击。比如，刚成立不久的进步党（Progressive Party，1948—1955 年）此后宣布解散就与该案不无关系。此案起诉之时恰逢当时进步党大会召开前夕，起诉严重打击了这个雄心勃勃的新党的支持者。美国共产党也积极参与了进步党的选举，曾经预期进步党能获得 400 万—800 万张选票，但是美国共产党被起诉和

---

① ［美］威廉·福斯特：《美国共产党史》，世界知识出版社 1957 年版，第 547 页。
② 同上书，第 548、555 页。

进步党被控为美国共产党的前线组织，最终导致进步党只获得了一百多万张选票。

在绝大多数美国人看来，对美国共产党领袖的有罪判决也就意味着剥夺了其合法性。尽管党员人数没有显著减少，但是也无法招募很多新人了。此案对美国共产党的前线组织和外围组织造成的伤害，比对美国共产党自身还要大很多：同情者入党的人数急剧下降，建立已久的组织要么停摆，要么解散，新组织则实际上停滞不前。在所有的盟友中受伤害最深的，莫过于拥有15万名会员的国际工人互助会（International Workers Order，1930—1954年），尽管该组织的财政状况良好，与美国共产党也没有什么直接联系，但还是被扣上颠覆组织的帽子，在1954年遭到解散。国际工人互助会的解散对美国共产党来说，除了在政治上遭受严重损失之外，更重要的也许就是失去了进行法律辩护所需的支持资金来源。

随后，全国到处都是针对共产党人的起诉。最后一共有140多名共产党人被起诉，这些审判一直持续到1957年，联邦最高法院作出一系列裁决，其中最重要的是耶茨起诉合众国案（Yates v. United States）和沃特金斯起诉合众国案（Watkins v. United States）。耶茨一案的裁决推翻了第二波对美国共产党领导人的判决，它明确区分了对旨在煽动他人的思想之鼓吹和对作为抽象概念的思想之宣传。在沃特金斯一案中，法庭裁决被告即使不引用宪法第五修正案①，也可以引用宪法第一修正案②，反对"滥用司法程序"。这些裁决迫使相关起诉停止。联邦最高法院重申了宪法对言论自由、不得自证其罪的保护，并提高了对"目的"的要求，使得起诉人难以证明共产党人具有犯罪目的。尽管这些起诉最终没有作出有罪判决，但是判决结果对美国共产党的发展还是造成了毁灭性的打击，使其至今在大众心目中难以摆脱判决所造成的

① 李道揆：《美国政府和美国政治》，商务印书馆1999年版，第788页。
② 同上书，第787页。

颠覆形象。①

1961 年 6 月 5 日，联邦最高法院在两次裁决中分别确认了 1950 年《麦卡伦法》和 1940 年《史密斯法》合宪。按照《麦卡伦法》，美国共产党必须前往司法部登记所有党员的名字；按照《史密斯法》，如果明知该党有颠覆目的，那么美国共产党的党员就触犯了联邦法律。② 10 月 9 日，最高法院再次裁决确认《麦卡伦法》合宪，要求美国共产党作为苏联代理人登记，并披露其党员名单和财务。美国共产党总书记格斯·霍尔（Gus Hall）拒绝服从该裁决，③ 美国共产党被迫停止公开活动，12 月，美国共产党遭到起诉。1962 年 3 月 15 日，美国共产党领导人格斯·霍尔和本杰明·戴维斯受到指控被捕。12 月 11 日，华盛顿地区法院因美国共产党拒不登记而对其罚款 12 万美元。但是，在 1965 年和 1967 年的两次裁决中，最高法院都宣布《麦卡伦法》违宪。④

六 1954 年《共产党人管制法》的影响

1954 年新泽西州最高法院在赛文诉里斯（Salwen v. Rees）一案中裁定：非其党提名人不得以该党名义被列入州选举名单。该裁决认可了新泽西州最高法院对作为被告的选举官员的支持意见：原告作为美国共产党的候选人，投票给他也就是投票给美国共产党，而鉴于美国共产党处于非法地位，就必须阻止任何人以该党的名义活动。否则，这种行为实际上就绕开了法律的限制，如果人们群起仿效，结果就会造成联邦法律完全失效。不过，也有不支持该法的案例出现。1961 年，在共产党诉凯塞伍德（Communist

---

① Buhle M J, Buhle P, Georgakas. D: Encyclopedia of the American Left. Oxford University Press, 1998, 2nd ed.

② Belknap M R: The Vinson Court: Justices, Rulings, And Legacy. ABC – CLIO, 2004, pp. 71 – 72.

③ https: //www. nytimes. com/1964/08/24/archives/benjamin – j – davis – 60 – is – dead – secretary – of – communist – party – former. html.

④ Belknap M R: The Supreme Court Under Earl Warren, 1953 – 1969, University of South Carolina Press, 2005, p. 79.

Party v. Catherwood）一案中，联邦最高法院裁定：《共产党人管制法》不能禁止美国共产党参加纽约的失业保险系统。1973 年亚利桑那联邦地区法院在布莱威斯诉鲍林（Blawis v. Bolin）一案中裁定《共产党人管制法》是违宪的，亚利桑那州不会阻止美国共产党参加 1972 年的总统大选。但是，联邦最高法院并未就《共产党人管制法》是否违宪作出裁决。尽管如此，美国各级政府已不再执行《共产党人管制法》，与此同时，该法有关美国共产党非法的条款也并没有被废止。[①] 至此，尽管 1950 年《麦卡伦法》和 1954 年《共产党人管制法》都仍然有效，但是美国共产党实际上重新取得了合法地位。此后，美国共产党主要的政治活动就是参与各类竞选。

七 参与各类活动

1924 年美国共产党（当时以"美国工人党"的名义开展活动）第一次参加总统大选，福斯特和吉特洛分别作为正副总统候选人参选，福斯特获得了 36.3 万多张选票。1932 年大选，福斯特作为美国共产党的总统候选人参选，获得选票 10 万张。1948 年和 1952 年，美国共产党支持由亨利·华莱士（Henry Wallace，1888 年 10 月 7 日至 1965 年 11 月 18 日）领导的进步党所提名的总统候选人，其得票分别是 115 万多张、14 万多张。1968 年底美国共产党首次参加了自 1940 年以来的总统竞选，结果候选人查·米切尔（Charlene Mitchell）只在两个州获得 1075 张选票。1972 年格斯·霍尔（Gus Hall）在大选中获得 25595 张选票，1976 年贾维斯·泰纳（Jarvis Tyner）在大选中获得不到 6 万张选票。霍尔此后在 1980 年和 1984 年两次大选中先后获得 4 万多张选票、3 万多张选票，选情呈下降趋势。1988 年，鉴于不少州对小党候选人参加竞选施加了不利限制，美国共产党决定不再推选本党候选人参加总

[①]　U. S. Statutes at Large，Public Law 637，Chp. 886，pp. 775－780.

统选举，以示抗议。

表 1 美国共产党历次参与总统大选得票数

年份	总统候选人	副总统候选人	总得票数（张）
1924	William Z. Foster	Benjamin Gitlow	36386
1928	William Z. Foster	Benjamin Gitlow	21181
1932	William Z. Foster	James W. Ford	102785
1936	Earl Browder	James W. Ford	80159
1940	Earl Browder	James W. Ford	46251
1948	Henry Wallace	Sen. Glen H. Taylor	1157326
1952	Vincent Hillinan	Charlotte Bass	140023
1968	Charlene Mitchell	Mike Zagarell	1075
1972	Gus Hall	Jarvis Tyner	25595
1976	Gus Hall	Jarvis Tyner	58992
1980	Gus Hall	Angela Davis	43871
1984	Gus Hall	Angela Davis	36386

数据来源：https：//www. marxists. org/history/usa/government/elections/president/time-line. htm

美国共产党在 20 世纪 60 年代积极投入民权斗争和反越战运动，努力在工人、黑人、青年、少数民族中开展工作，并力图寻求与工人运动相结合，为此发表了《美国工人的前途》《共产党的人民纲领：结束贫困和失业》等一系列重要文章。

20 世纪 70 年代美国共产党在劳工运动、民权运动、和平运动、妇女运动、青年运动、竞选运动等各个领域的工作中取得一些进展。1970 年成立"争取工会运动和民主全国协调委员会"，次年组织召开了产业工人代表大会，号召白人和黑人工人团结起来。1975 年美国共产党二十一大决定把产业工人和黑人作为党开展群众工作的重点，要求积极在基层工人中开展活动。但是，由于美国共产党同美国劳联—产联之间存在矛盾，导致工会活动进展不大，一直被排斥在主流工会之外。

20 世纪 80 年代初里根当选美国总统后，开始大力扩展军力，导致美苏军备竞赛轮番升级，美国由此出现了轰轰烈烈的和平反核运动，美国共产党积极投入此项运动，同时呼吁反对政府用武力干涉他国，与此同时，美国共产党也开始强调发展组织和加强党的建设，但成效也不大。

美国共产党认为，核大战将毁灭地球，而不会有战胜者和战败者之分。当代一切问题都取决于战争与和平。里根政府不愿接受苏联的和平裁军倡议而企图"改变世界力量的均势"，把人类置于核灾难的边缘，因此必须把里根和新右翼分子赶下台。美国共产党通过"和平理事会"等组织积极投入和平运动，在全国各地的大规模反核游行示威中，常常有美国共产党的队伍出现。例如，1982 年 6 月 12 日，美国共产党主要领导人带领 1500 人的队伍加入纽约反核大示威，并散发了数万份党报。美国共产党在和平运动中十分强调反对"反苏主义"，反对认为美苏对军备竞赛负有同等责任的观点，并广泛宣传苏联的各项和平倡议，谴责里根政府企图夺取对苏联的核优势。在开展和平运动的同时，美国共产党还积极开展反对美国帝国主义侵略政策的种种斗争，如反对美国出兵中东和支持以色列、侵占格林纳达、干涉尼加拉瓜及中美洲、袒护南非当局种族主义等行径。此外，美国共产党还一如既往地注意在少数民族、工人、青年和教育界中开展工作。自 1982 年起，美国共产党再次强调发展组织力量、加强党的建设的重要性。1983 年春，美国共产党决定将其外围青年组织"青年工人解放同盟"改建为"美国共产主义青年团"。1987 年美国共产党二十四大提出建立工人阶级统一阵线，实现全民团结，但没有产生实际效果。

八　美国共产党失败的原因

第一，美共领导层纷争不断，严重削弱了自身的力量。20 世纪 50 年代下半期，美国共产党内逐渐形成以福斯特、丹尼斯和盖茨为首的三个主要派别，在对马列主义的解释、对苏联的态度、对党的组织形式等方面都产生了尖锐分歧，尤其是福斯特与盖茨之间的分歧导致了美国共产党的分裂。1958 年盖茨宣布退党后，形成了一波新的退党浪潮。到 20 世纪 50 年代末，美国共产党人数仅剩 7000 人左右。[1] 在苏联解体之前，美国共产党的成员只有4000 多人，1991 年的党内分裂又减少了三分之一。[2] 苏联解体后，美国共产党政治局 22 名成员里有 6 人脱党，原因是他们认为共产主义已经死亡，根本行不通。[3]

第二，来自外部的冲击。1956 年 4 月美国共产党全国委员会扩大会议传达了赫鲁晓夫秘密报告的摘要，6 月 5 日《纽约时报》全文披露了秘密报告全文，在美国共产党内外造成了极大的冲击，社会主义的声誉一落千丈。社会主义者无法理解他们为之奋斗多年的社会主义在苏联的实践竟然面目全非，数千名党员因而退党。这一波的震撼尚未平息，波匈事件又引起了一波新的思想冲击，结果使美国共产党又失去了数千名党员。20 世纪 90 年代初，同其他发达资本主义国家的共产党一样，美国共产党也因苏联瓦解和东欧剧变而受到巨大冲击。党内少数人认为，苏联解体是社会主义本身存在的缺陷造成的。而大多数人则认为，历史的发展从来就不是一帆风顺的，在发展过程中，改革者往往会发现自己由于客观的或主观的原因而犯错误，处于不利境地。当时有一些党员因为对现实失望而退党，其中一些人成立了"民主与社会主义基金会"。美国共产党后来也与该组织建立了联系，它的许多成员又回到了美国共产党。这是一个艰难的时期，党的损失很大。

第三，美国共产党历经坎坷，先后遭遇了几次重大起诉，这些

---

① 丁淑杰：《美国共产党的社会主义理论与实践》，中国社会科学出版社 2010 年版，第 37—47 页。

② 山姆·韦伯、周岳峰：《美国共产党：变动世界一项正在进行中的工作》，《马克思主义研究》2009 年第 11 期。

③ 吕睿：《拜访美国共产党总部》，《四川统一战线》2008 年第 8 期。

起诉对美国共产党的形象都产生了不良影响，对党的生存来说是致命的。

第四，美国共产党长期得不到美国民众的广泛支持，其原因除了美国的反共传统之外，一个重要原因是美国共产党在历史上对苏联共产党亦步亦趋，这给美国民众留下了不良印象。在苏联时期，美国共产党被称之为"苏联代理人"，而美国共产党一直加以否认。在苏联解体后，人们从解密档案里发现：美国共产党不仅接受来自"莫斯科的黄金"，听命于苏联，甚至培植其党员成为苏联的间谍。这就让美国民众对美国共产党的印象雪上加霜。更为重要的是，美国共产党在政党建设上照搬了苏联共产党的一些模式，比如领导人职务终身制、指定接班制、党内权力过度集中，这些都导致党内斗争甚至分裂，可以说美国共产党非但没有摒弃苏联共产党政党建设的弊端，反而一再照搬，致使自身的群众基础薄弱。[1]

第三节 其他左翼政党的兴衰

一 社会主义工人党的发展（1876年至今）

1876年7月19—22日，在美国宾夕法尼亚州的费城（Philadelphia）成立了美国劳动人民党（Workingmen's Party of America），它是美国历史上第一个在一定程度上接受马克思主义的社会主义政党，在世界范围内，仅比1875年成立的德国社会民主党晚。美国劳动人民党是由左尔格[2]等马克思主义者领导的北美联合会，与拉萨尔分子领导的北美社会民主工人党及伊利诺伊州工人党等两个政党三方合并组成的。大多数党员是移民（主要是德国人），同美国基本工人联系很差。1877年12月在拉萨尔派的主导下，改名

---

① 刘雅贤：《美国共产党第三十次全国代表大会观察》，《人民论坛》2015年第35期。

② 左尔格（Friedrich Adolph Sorge），1828年11月9日至1906年10月26日。

为社会主义工人党①。后来，主要由拉萨尔派构成的改良主义领导与以马克思和恩格斯的战友弗·阿·左尔格为代表的马克思主义派之间进行了一场党内斗争。该党曾宣布为社会主义而斗争是自己的纲领，但是由于党的领导采取宗派主义政策，轻视在美国无产阶级群众性组织中的工作，因而未能成为一个真正革命的群众性的马克思主义政党。1887 年，恩格斯在《美国工人运动》一文中批评道："这个党（即社会主义工人党——笔者注）徒有虚名，因为到目前为止，它在美国的任何地方实际上都不能作为一个政党出现。何况它对美国来说在一定的程度上是外来的，因为直到最近，它的成员几乎全是使用本国语言的德国移民，大多数人都不太懂当地通用的语言。"②

1892 年丹尼尔·德·里昂（Daniel De Leon，1852 年 12 月 14 日至 1914 年 5 月 11 日）出任《人民》（The People）报编辑，从而成为党内最具影响力的领袖，他采取的"双重工会"（Dual unionism）政策引起了党内的两次分裂：1895 年，纽约城犹太人支部的重要人物，如莫里斯·温克夫斯基、亚伯拉罕·卡恩和迈耶·伦敦不同意德·里昂攻击美国劳工联合会③，退出该党，后来加入德布兹新组建的社会民主党（Social Democratic Party of America，1897—1901 年）；1899 年，纽约城希尔奎特派与德·里昂派发生激烈冲突，随后也加入了社会民主党。④

社会主义工人党常常批评苏联、美国社会党（SPA）的改良

---

① 起初名称为 Socialistic Labor Party，后又改为 Socialist Labor Party.

② 《马克思恩格斯选集》第 4 卷，人民出版社 1995 年版，第 393 页。

③ American Federation of Labor，简称 AFL。该联合会于 1886 年 12 月成立于俄亥俄州的哥伦布市，由不满当时最大全国性工会劳动骑士团（Knights of Labor）的几个小分会联合而成。国际雪茄制造商联盟（Cigar Makers' International Union）的龚帕斯在成立大会上当选为主席。1955 年，美国劳工联合会同产业工会联合会（Congress of Industrial Organizations，简称 CIO）合并，组成美国劳工联合会—产业工会联合会（AFL‑CIO），该组织一直持续至今。美国劳工联合会也成为美国持续时间最久，影响力最大的劳工组织。

④ 陆镜生：《美国社会主义运动史》，天津人民出版社 1986 年版，第 129、157、269、271 页。

主义，在美国左翼中渐渐孤立。社会主义工人党在其纲领中常常
宣称他们自认为的纯正社会主义，认为其他党抛弃了马克思主
义，变成了独裁爱好者的俱乐部，或者是民主党中的激进派别。
社会主义工人党在20世纪经历了两次成长高峰。第一次是20世纪
40年代。该党在总统大选中曾经收获过15000—30000张选票，
1944年甚至获得45226张选票。第二次是在20世纪50—60年代。
艾瑞克·海斯（Eric Hass，1905年3月4日至1980年10月2日）
在1952年、1956年、1960年和1964年连续代表社会主义工人党
参加总统大选，1952年获得30250张选票，1960年获得47522张
选票，比1952年增加了50%。尽管在1964年选票数下落到45187
张，但还是超过了其他第三党候选人，这在社会主义工人党历史
上属于空前绝后的成绩。这一时期的新党员都反对独断专行的作
风，要求获得与老党员平起平坐的待遇。由于认为党被小团体操
控，新党员普遍心生不满。1976年社会主义工人党最后一次提
名总统候选人。1980年，在明尼苏达州的社会主义工人党党员
声称党内官僚独裁作风太甚，遂另行组建新联盟党（New Union
Party）。

社会主义工人党在2004年将其报纸《人民》从月刊改成双月
刊，后来在2008年3月31日正式停刊。截至2007年1月，该党
仅有77名正式党员，在由七个分部中的四个举行的会议上，平均
只有3—6名党员。2008年9月1日，社会主义工人党关闭了其全
国办公室。

表2　　　　　　美国社会主义工人党参与总统竞选

年份	总统候选人	副总统候选人	总得票数（张）
1892	Simon Wing	Charles H. Matchett	21173
1896	Charles H. Matchett	Matthew Maguire	36356
1900	Joseph F. Malloney	Valentine Remmel	40900
1904	Charles H. Corregan	William W. Cox	31249

续表

年份	总统候选人	副总统候选人	总得票数（张）
1908	August Gillhaus	Donald L. Munro	14021
1912	Arthur E. Reimer	August Gillhaus	29374
1916	Arthur E. Reimer	Caleb Harrison	15284
1920	William W. Cox	August Gillhaus	30368
1924	Frank T. Johns	Verne L. Reynolds	28368
1928	Verne L. Reynolds	Jeremiah D. Crawley	21608
1932	Verne L. Reynolds	John W. Aiken	34028
1936	John W. Aiken	Emil F. Teichert	12790
1940	John W. Aiken	Aaron M. Orange	14883
1944	Edward A. Teichert	Arla A. Albaugh	45336
1948	Edward A. Teichert	Stephen Emberg	29038
1952	Eric Hass	Stephen Emberg	30250
1956	Eric Haas	Georgia Cozzini	44300
1960	Eric Haas	Georgia Cozzini	47521
1964	Eric Haas	Henning A. Bomen	44697
1968	Henning A. Blomen	George S. Taylor	55591
1972	Louis Fischer	Genevieve Gunderson	53814
1976	Jules Levin	Constance Blomen	9616

https：//www. marxists. org/history/usa/government/elections/president/timeline. htm

二 美利坚社会党的兴衰（1901—1972 年）

美利坚社会党（Socialist Party of America，简称 SPA）于 1901 年成立，由尤·维·德布兹（Eugene V. Debs，1855 年 11 月 5 日至 1926 年 10 月 20 日）在 1897—1898 年创建的美国社会民主党（Social Democratic Party of the United States of America）与以莫·希尔奎

特（Morris Hillquit，1869 年 8 月 1 日至 1933 年 10 月 8 日）、麦·海斯（Max S. Hayes，1866 年 5 月 25 日至 1945 年 10 月 11 日）为首的一部分前美国社会主义工人党（Socialist Labor Party of America）成员组成。1952 年，社会党国际成立伊始，美利坚社会党即加入了该国际组织。①

在 20 世纪头二十年里，美利坚社会党得到很多不同团体的热情支持，包括工会人士、积极的社会改良者、民粹主义农场主以及移民。但是，美利坚社会党拒绝与其他党派结盟，甚至不允许其党员投票支持其他党派。

1901 年到 1908 年也是美利坚社会党曲折发展的阶段。在全国层面，由德布兹代表美利坚社会党参选总统，其把马克思主义与美国共和传统相结合的做法具有道德上的感召力，能超越不同地区、不同团体的分歧；在地方层面，以伯格（Victor L. Berger，1860 年 2 月 28 日至 1929 年 8 月 7 日）为代表的密尔沃基市社会主义者，尝试根据当地的情况制订务实的政策，以扩大美利坚社会党的选民基础，在此过程中，密尔沃基模式逐渐成形。1905 年，因受芝加哥大罢工和海伍德—莫伊—佩蒂伯恩事件刺激，德布兹公然宣称阶级斗争可以使用暴力，这有悖共和传统所要求的阶层合作。因此，相比于 1901 年到 1904 年取得的成绩，1905 年到 1908 年美利坚社会党的发展速度明显放缓。②

1908 年到 1912 年是美利坚社会党快速发展的阶段。当德布兹认识到背离共和传统会对美利坚社会党造成严重伤害后，遂重新返回共和传统，闭口不谈暴力斗争。在此期间，伯格领导的密尔沃基市社会党取得显著进展，密尔沃基模式已经成熟，其他地方的社会党组织开始效仿密尔沃基模式，密尔沃基模式推广到了

---

① Hacker D A：Social Democrats, USA：Learning From Our Past and Revived under New Leadership to Build for A Brighter Future for the United States of America and the World. （http：//socialistcurrents. org/documents - public/Social_ Democrats. pdf）. p. 2.

② 高建明：《美国社会党及社会主义运动研究（1876—1925）》，山东大学，博士学位论文，2016 年。

纽约州、俄克拉荷马州和加利福尼亚州。1912 年有 1200 多名社会党党员当选从国会议员到市长的各类官职,美利坚社会党的党员总数也达到最高值 118000 人。[①] 1912 年总统选举中,美利坚社会党获得的选票主要来自西部的农业地区(亚利桑那、加利福尼亚、爱达荷及西部的少数几个州),而不像欧洲的社会主义政党那样,选票主要来自工业区。这当然不能说是"受压迫的工业无产阶级"强烈反对资本主义,反而主要反映了农场主反对压低农产品价格、高利率和政治腐败的意愿。[②]

1912 年后美利坚社会党开始衰落。1912 年,威尔逊上台后推行"新自由"改革。"新自由"改革在理念上诉诸美国的共和传统,在具体政策上则以一系列的进步社会立法为标志。也就是说,威尔逊政府从意识形态和具体政策两方面瓦解了美利坚社会党取得的成果。此外,美利坚社会党坚决反对美国参加第一次世界大战,尽管赢得很多赞誉,但是也招致了大量非议、政府打压和民间迫害,但这些并没有导致社会党的全面衰落。尽管 1916 年选举成绩和党员总数不及 1912 年,但社会党对工会的影响力以及报刊发行量还是得以维持下来。

1917 年十月革命后,美利坚社会党进入全面衰落阶段。十月革命使社会主义由理想变为现实,受此鼓舞,美利坚社会党的两位领袖希尔奎特和德布兹再次变得激进起来,他们放弃了将社会党美国化的策略。尽管意识到俄国革命不适合美国,但希尔奎特和德布兹还是表达了在美国实现同样革命的愿望,此举使美利坚社会党失去了进步势力的支持。与此同时,由于在如何看待俄国十月革命和 1919 年共产国际成立等事件上立场不同,美利坚社会党发生了分裂,1919 年很多党员退党,另行组建共产主义政党。

---

① 高建明:《美国社会党及社会主义运动研究(1876—1925)》,山东大学,博士学位论文,2016 年。

② 〔美〕埃本斯坦、福格尔曼、周士琳:《社会主义的未来——美国和发展中国家的社会主义》,《现代外国哲学社会科学文摘》1982 年第 9 期。

尽管美利坚社会党意识到了问题所在，试图恢复原来的道路，但为时已晚，美利坚社会党已沦为边缘化的组织。①

20 世纪 30 年代的大萧条本来是美利坚社会党的一次发展机会。在诺曼·托马斯（Norman Thomas，1884 年 11 月 20 日至 1968 年 12 月 19 日）竞选总统后，美利坚社会党得以发展壮大，1932 年的选举也是该党产生影响的最后一次选举。此后，受到富兰克林·罗斯福新政、厄尔·白劳德领导的共产党以及复兴的劳工运动对民主党的支持等影响，美利坚社会党的号召力再次遭到削弱。为了壮大队伍，美利坚社会党吸收了托洛茨基（Leon Trotsky，1879 年 11 月 7 日至 1940 年 8 月 21 日）和洛夫斯东（Jay Love-stone，1897 年 12 月 15 日至 1990 年 3 月 7 日）的追随者入党，但这引起老党员的不满，他们随即另行组建社会民主联盟（Social Democratic Federation）。② 此后，由于坚持反对美国参加第二次世界大战的立场，美利坚社会党在国内外都失去了支持。

在该党最近的数十年里，很多党员在劳工、和平、民权和公民解放运动中都赫赫有名，基本上都反对社会主义运动与劳工运动同民主党发生关系。由于在这些战略问题上分歧严重，1972 年 12 月 30 日美利坚社会党决定改名为美国社会民主主义者（Social Democrats，USA，简称 SDUSA）。1973 年，又有部分原美利坚社会党员各自组建了民主社会主义组织委员会（Democratic Socialist Organizing Committee，简称 DSOC）和美国社会党（Socialist Party USA）。

在 1904 年的总统选举中，德布兹共获得 40.2 万余张选票，三倍于 1900 年所获得的选票；而在 1908 年的选举中，德布兹共获得 42 万余张选票，只比 1904 年多出不到两万张；在 1912 年的总统

---

① 高建明：《美国社会党及社会主义运动研究（1876—1925）》，山东大学，博士学位论文，2016 年。

② ［美］埃本斯坦、福格尔曼、周士琳：《社会主义的未来——美国和发展中国家的社会主义》，《现代外国哲学社会科学文摘》1982 年第 9 期。

选举中，德布兹拿下近6%的选票，大约90余万张，这是美国社会主义政党取得的最好大选成绩。1924年美利坚社会党支持罗伯特·拉福莱特（Robert La Follette Sr，1855年6月14日至1925年6月18日）参选总统。1928年美利坚社会党再次独立参选。1936年大选，社会党只获得18.7万张选票。美利坚社会党在1956年最后一次参加总统大选，由其提名的达灵顿·霍普斯（Darlington Hoopes，1896年9月11日至1989年9月25日）只获得了两千余张选票。

表3　　　　　　　　美利坚社会党（SPA）参与总统竞选

年份	总统候选人	副总统候选人	总得票数（张）
1900	Eugene V. Debs	Job Harriman	87814
1904	Eugene V. Debs	Benjamin Hanford	402489
1908	Eugene V. Debs	Benjamin Hanford	420390
1912	Eugene V. Debs	Emil Seidel	900390
1916	Allan Benson	George R. Kirkpatrick	589924
1920	Eugene V. Debs	Seymour Stedman	913664
1924	Sen. Robert La Follette	Sen. Burton K. Wheeler	4822856
1928	Norman Thomas	James H. Mauer	266453
1932	Norman Thomas	James H. Mauer	881951
1936	Norman Thomas	George A. Nelson	187785
1940	Norman Thomas	Maynard C. Krueger	116827
1944	Norman Thomas	Darlington Hoopes	80518
1948	Norman Thomas	Tucker P. Smith	138973
1952	Darlington Hoopes	Samuel H. Friedman	20065
1956	Darlington Hoopes	Samuel H. Friedman	2044

数据来源：https://www.marxists.org/history/usa/government/elections/president/timeline.htm

三　美国社会民主主义者的兴衰（1972—2005年）

美国社会民主主义者（Social Democrats USA，简称SDUSA）

的竞选战略（realignment）试图把工会、民权组织等团体整合起来，进而把民主党改造成社会民主党。重组战略强调与工会［尤其是同劳联—产联（AFL CIO）］合作，把重点放在能够团结工人阶级选民的经济议题上。SDUSA 继承了 SPA 在社会党国际中的席位，后于 2005 年退出。①

美国社会民主主义者也试图通过支持某位总统竞选人发挥影响。1976 年纽约市的全国大会正式支持民主党候选人吉米·卡特（Jimmy Carter）和沃尔特·蒙代尔（Walter Mondale），并敦促全党在 11 月的大选中积极工作。在 1980 年选举中，寻求连任的卡特总统（Jimmy Carter）与参议员爱德华·肯尼迪（Edward Kennedy）在民主党内初选中就打得难解难分，美国社会民主主义者没有明确表态支持哪一方，甚至把双年会推迟到了秋季竞选落幕之后才召开。舆论普遍认为由于民主党未能获得其传统的工人阶级选民的支持，才帮助了共和党保守的罗纳德·里根（Ronald Reagan）当选总统。

2005 年10 月 15 日美国社会民主主义者的领袖潘·坎贝尔（Penn Kemble，1941 年 1 月 21 日至 2005 年 10 月 15 日）去世，随后美国社会民主主义者整个组织就处于瘫痪状态，其网站 www. socialdemocrats. org 内容也停止更新，实际上在其去世以前很久，SDUSA 的全国大会就已经不再举办了。在经过几年沉寂后，美国社会民主主义者近来又出现了复活的迹象，设立了一个新网站 www. socialistcurrents. org。尽管目前人数很少，与以前的 SDUSA 不能相比，但是截至 2017 年 3 月，在全国三十个州都有党员，而且这些党员不都是来自传统的左翼州，有近一半的人来自堪萨斯州、德克萨斯州、北卡罗来纳州、印第安纳州和犹他州。②

---

① http：//socialistcurrents. org/？ page_ id＝621.

② http：//socialistcurrents. org/？ page_ id＝22.

四　美国社会党的发展（1973 年至今）

1973 年 5 月 30 日，由原属于美利坚社会党的德布兹派所成立的民主社会主义联合会（Union for Democratic Socialism），在大卫·麦克雷罗兹（David McReynolds）的领导下，成立了美国社会党（Socialist Party USA，简称 SPUSA）。美利坚社会党以前在各地（包括威斯康星州、加利福尼亚州、伊利诺伊州、纽约市、费城、华盛顿）的老党员纷纷加入该重组的社会党。自成立后，美国社会党就自称为美利坚社会党（SPA）的继承者。前密尔沃基市长弗兰克·齐德勒（Frank Paul Zeidler，1912 年 9 月 20 日至 2006 年 7 月 7 日）① 被选为该党首任全国主席，随后，齐德勒被提名为总统候选人。详见第五章美国社会党一节。

五　民主社会主义者组织委员会的历史（1973—1982 年）

1973 年，一部分原美利坚社会党党员在前任主席哈林顿的领导下另行创立了"民主社会主义者组织委员会"（Democratic Socialist Organizing Committee，简称 DSOC）。

民主社会主义者组织委员会公开宣称自己是社会主义者的组织。在政治选举中，民主社会主义者组织委员会在民主党内活动，它说自己这样做是为支持民主社会主义者（民主的左派）的理念打造基础。在迈克尔·哈林顿看来，美国人面临的任务就是"组建支持社会变革的新一代美国多数派"。工会运动尽管重要，但是仅凭其自身的力量无法获得政治权利。哈林顿认为应当团结民主党内"受过大学教育并关注实际问题的"所谓"新政治力量"。

民主社会主义者组织委员会主张通过"重组"策略（在民主党内团结民主社会主义者的力量）赢得权利。民主社会主义者组

---

① 1948 年 4 月 20 日至 1960 年 4 月 18 日，齐德勒先后三次连续出任威斯康星州密尔沃基市市长，他也是美国大城市中距今最近的社会主义党派市长。齐德勒认为美国社会党能与其他的全国性社会主义政党合作共事，一起宣传社会主义的理念。

织委员会的成员几乎都以民主党员的身份竞选各类公职。另外，民主社会主义者组织委员会还鼓动其支持者个人积极行动，因此，很多成员在工会或其他政治组织里也非常活跃。有很多民主社会主义者组织委员会的成员被选进国会（代表加州伯克利的联邦众议员 Ron Dellums）、纽约市议会（Ruth Messinger）。民主社会主义者组织委员会得到了工会领袖的支持，比如联合汽车工会（United AutoWorkers）的 Victor Reuther，国际机械师协会（International Association of Machinists）的 William W. Winpisinger，还有美洲联合制衣工会（Amalgamated Clothing Workers of America）的很多官员。

哈林顿不仅是美国左派运动的头号活动家，也是当时美国理论界最重要的左派思想家，1962 年发表《另一个美国：合众国的贫困》（The Other America：Poverty in the United States），在不到 200 页的篇幅中，哈林顿提纲挈领地描述了美国的贫困问题，并分析了在普遍繁荣的背景下众多贫困长期存在的原因。《纽约时报》的书评认为：《另一个美国》是"愤怒的呐喊，良心的呼唤"。当时两位美国总统肯尼迪、约翰逊看了该书后，受到很大震动，提出要建设伟大社会，向贫困宣战，向不平等宣战，向一切违反人权的现象宣战。[①] 该书与马丁·路德·金所著《我有一个梦（I Have a Dream）》并称为当代美国民权运动的两大文献。

1982 年，"民主社会主义者组织委员会"与左翼知识界的"新美国运动"（New American Movement）联合，新组织名叫"美国民主社会主义者"（Democratic Socialists of America，简称 DSA），哈林顿成为全国主席。该党是社会党国际最重要的美国成员党，哈林顿也成为国际著名的社会主义活动家，参与制订该国的十八大《原则宣言》。据《社会党事务》杂志 1982 年第 4 期报道，这个党

① https：//www. chicagotribune. com/news/ct – xpm – 1989 – 08 – 02 – 8901010409 – story. html.

有七千名党员，是当时美国人数最多的社会民主主义团体。[①]

六　美国民主社会主义者的发展（1982 年至今）

起初美国民主社会主义者（Democratic Socialists of American）里有大约 5000 名前民主社会主义者组织委员会的成员和 1000 名新美国人运动（New American Movement，简称 NAM）的成员。成立伊始，哈林顿、社会主义者兼女权主义者作家芭芭拉·艾伦瑞克（Barbara Ehrenreich，1941 年 8 月 26 日—　）被选为联合主席。美国民主社会主义者自 1982 年成立伊始即加入社会党国际。[②]

美国民主社会主义者的领袖认为，由于美国的政治体制很少给第三党发展的机会，因此有必要在民主党内部开展工作。另外，美国民主社会主义者对得到企业支持的民主党领袖批评有加。[③] 美国民主社会主义者认为，在民主党内的总统初选中将会产生更多积极的、独立的政治行动，支持那些代表着广大进步联盟的候选人。此时，民主社会主义者将支持以劳工、女性、有色人种以及其他潜在的反企业力量组成的联和行动。民主社会主义者仅仅把选举策略看作一种手段，而建立起强大的反企业联盟才是其目的所在。[④]

美国民主社会主义者自己不推竞选人，而是号召"为改革而奋斗，削弱企业的权利，增加工人的权利"。这些改革包括减少金钱在政治中的影响力，增强群众在工作单位和经济中的影响力，重组更加平等的性别和文化关系。美国民主社会主义者会支持一些总统候选人，著名的包括沃尔特·蒙戴尔（Walter Mondale，1928 年 1 月 5 日—　）、杰西·杰克逊（Jesse Jackson，1941 年 10 月 8 日—　）、拉尔夫·纳德尔（Ralph Nader，1934 年 2 月 27 日—　）、约翰·克

---

① 利亚霍夫、文华：《现代美国社会民主党意识形态和政策中的改良主义》，《当代世界社会主义问题》1986 年第 2 期。

② https：//www. dsausa. org/about – us/history/.

③ http：//www. dsausa. org/dl/sum2k/01. html.

④ http：//www. dsausa. org/about/where. html.

里（John Kerry，1943 年 12 月 11 日—　）、伯尼·桑德斯（Bernie Sanders，1941 年 9 月 8 日—　）和巴拉克·奥巴马（Barack Obama，1961 年 8 月 4 日—　）。

在政治选举中，美国民主社会主义者与以前的民主社会主义者组织委员会一样，秉持迈克尔·哈林顿的立场，即现实的左翼存在于今天的民主党内。早年美国民主社会主义者反对共和党候选人，而强烈支持民主党候选人，比如参加 1984 年大选的沃尔特·蒙戴尔。1988 年美国民主社会主义者热情支持杰西·杰克逊第二次参与总统竞选。美国民主社会主义者在美国政治选举中的立场是"民主社会主义者拒绝构建非此即彼的选举联盟，即依靠一个新的党派，或者在民主党内搞重组"，而是要依托民主党开展活动。[1] 20 世纪 90 年代美国民主社会主义者对克林顿政府的整体评价是 C－，即"比较满意"。[2]

美国民主社会主义者在社会党国际中的影响要比美国社会民主主义者大得多。比如，1980 年 12 月根据美国民主社会主义者的倡议，在美国一些工会和社会党国际领导人的支持下，在华盛顿召开了"欧洲社会主义和美国"国际会议，出席会议的有两千多名代表。这是自 1930 年以来在美国召开的规模最大的社会民主党人会议。社会党国际的领袖平·勃兰特、F. 密特朗、O. 帕尔梅等人都出席了此次会议。

哈林顿在历史上是美国民主社会主义者的主要理论家和领袖。他是美国民主社会主义者在社会党国际中的代表，他本人曾担任美国"民主社会主义"问题研究所所长。他的思想不仅在美国社会党人中间，而且在西欧社会民主党中都广为流行。哈林顿和所有美国民主社会主义者成员都赞成"民主社会主义"，并宣称"民主社会主义"是自己的社会理想，"因为我们相信，一个好社会的建立，需要使基本生产资料成为公有财产并处于民主的监督之下，

---

[1]　http：//www. dsausa. org/about/where. html#elect.

[2]　http：//www. dsausa. org/news/repcard. html.

所以我们是社会主义者。既然我们相信，这两个目的只有在政治自由的条件下才能达到，所以我们是民主主义者"。美国民主社会主义者也和国际社会民主党一样，企图把自己的社会主义模式、自己的社会理想说成是社会发展的第三条道路：既不同于现代的资本主义，也与现实的社会主义有所区别。[①]

美国民主社会主义者出版了一份季刊《民主左派》（*Democratic Left*），提供新闻和分析简讯。该简讯自 1973 年美国民主社会主义者的前身"民主社会主义者组织委员会"成立以来从未间断。[②]

七　美国社会主义工人党的兴衰（1938 年至今）

由于在诸多问题上意见不合，1937 年夏天，两千多名托派份子被开除出美利坚社会党（SPA）。1937 年 12 月 31 日，一百多名代表在芝加哥集会，组建新的政治组织"美国社会主义工人党"［Socialist Workers Party（United States），简称 SWP］。

由于对内部治理、苏联国家的阶级性质以及马克思主义者的理念等问题存在争论，美国社会主义工人党在 1940 年发生了分裂。这次分裂是该党历史上多次分裂中规模最大的一次，大约有40%的党员退党，并且与党的青年组织"社会主义青年联盟"（Young People's Socialist League）一起组建了工人党（Workers Party）。

第二次世界大战期间，美国社会主义工人党很多党员因触犯1940 年《史密斯法》被捕入狱。这些人里包括社会主义工人党主要的全国领袖和中西部卡车司机工会（Midwest Teamsters）的杰出成员。美国社会主义工人党采取了所谓的无产者军事政策（Proletarian Military Policy），在政治上反对第二次世界大战，同时企图把他们认为的帝国主义战争转变为国内战争。美国社会主义工人党完全不顾美国战时工会作出的"不罢工保证"，积极鼓吹工人罢工，还支持反对种族歧视的抗议。比如兰道夫（A. Philip Ran-

---

① http：//www. dsausa. org/news/repcard. html.

② http：//www. dsausa. org/democratic_ left.

dolph，1889 年 4 月 15 日至 1979 年 5 月 16 日）领导的"进军华盛顿运动"（March on Washington Movement）。在此期间，美国邮政署认为，由于美国社会主义工人党的刊物中有号召以暴力推翻美国政府的文章，因此拒绝邮寄美国社会主义工人党发行的《新战士》（The Militant）刊物，并威胁要取消其三级邮寄许可，美国社会主义工人党则辩称它实际上是因为反对种族歧视而遭受迫害。

　　第二次世界大战后，美国社会主义工人党和第四国际①期待随着战争结束，将会掀起一场革命浪潮。因此，当战争和很多工会领袖的不罢工保证行将结束之际，爆发了美国历史上最大的罢工浪潮。美国社会主义工人党投身这波罢工浪潮，并迎来了快速发展期。由于战后短暂的工人不满很快就让位给 20 世纪 50 年代出现的保守主义，工会开始改变以前激进的主张，麦卡锡主义也开始发威。但是，美国社会主义工人党对不断高涨的民权运动却采取了"参与主义"的做法，结果是无法完全适应这些新趋势，先是经历了衰落，然后就被无情地抛弃。

　　从 20 世纪 50 年代到 20 世纪 60 年代，随着美国社会主义工人党中信念坚定的那批老人逐渐退隐，自然而然地，党员人数从战后 1948 年的高峰期不断减少，直至 20 世纪 60 年代早期社会潮流发生改变。当时的古巴革命促成了美国社会主义工人党政治方向的变化，该党通过公平对待古巴委员会（Fair Play for Cuba Committee）支持卡斯特罗，这吸引了一些年轻人加入。不过，由于很多新党员出身于学生运动，与 20 世纪 30 年代就领导党的那批人观点不一致，结果导致党内文化开始改变。

　　和其他的左翼团体一样，美国社会主义工人党在 20 世纪 60 年代迎来成长期，在 20 世纪 70 年代早期经历了飞速发展。这在很大程度上要归因于积极参与了很多反对越南战争的活动和示威。美国社会主义工人党宣称反战运动应该呼吁立即撤出全部美国军队，

_____

　　① 1938 年 9 月 3 日成立，以托洛茨基主义（Trotskism）为思想旗帜，主张不断革命，核心则是世界革命。

并应该为此首先全力组织大型的、合法的示威。因此，美国社会主义工人党被很多人看作是影响反战运动方向的主要力量。1978年美国社会主义工人党的领袖认为党员的关键任务是转向产业界，要求党员们变身蓝领工人，为迎接领袖们所想象的不断高涨的群众斗争做好准备。因此，党员们被要求在相同的工作单位里求职，并建立组织堡垒，在从事工会活动的同时，也从事共产主义政治工作。很多党员因此不得不搬家、改换工作，而且往往是离开从事已久的职业，去小城市寻找低薪工作。很多有工会经验的老党员反对这项工作，称之为"殖民计划"。这种做法动摇了美国社会主义工人党在工会里已经建立的基础，也引起了年轻党员的不安。

现如今，美国社会主义工人党把主要力量用于内部活动，比如筹资，举办每周的"劳工战士论坛"（Militant Labor Forum），分发书籍和刊物。其党员出现在很多工会里，政治活动也主要关注保障移民权利，促进古巴团结。

从1948年以来，美国社会主义工人党多次参加总统竞选，在1976年获得90310张选票，这也是其获得票数最多的一次。需要注意的是，在2004年总统选举中，美国社会主义工人党提名的两位正副总统候选人竟然都不符合宪法的规定：罗杰·卡雷罗（Róger Calero）不是美国公民，阿林·霍金斯（Arrin Hawkins）只有29岁［1972年总统大选时，美国社会主义工人党提名的林达·詹宁斯（Linda Jenness）也只有31岁］；在他们没资格参选的州，美国社会主义工人党把詹姆士·哈利斯（James Harris）和玛格利特·特罗（Margaret Trowe）列在选票上取而代之，这两人最后得到了一万多张选票。2008在再次出现了同样戏剧性的一幕。这让人不得不怀疑美国社会主义工人党对待总统竞选的态度究竟有几分真假。

八　美国革命共产党的兴衰（1975年至今）

美国革命共产党（Revolutionary Communist Party，USA）的历

史可以追溯至 1968 年美国一些青年学生在加利福尼亚州建立的"湾区革命联盟"（Bay Area Revolutionary Union，简称 BARU）。1971 年 3 月，湾区革命联盟改称"革命联盟"（Revolutionary U-nion，简称 RU），主要领导人是莱贝尔·伯格曼（Leibel Berg-man）、鲍伯·阿瓦基安（Bob Avakian，1943 年 3 月 7 日——）、巴里·格林伯格（Barry Greenberg）。1975 年 9 月，"革命联盟"改称"革命共产党"（RCP），阿瓦基安任主席至今。① 阿瓦基安的著述是美国革命共产党理念、政治基础和结构的来源。

　　美国革命共产党成立之初，有党员近一千人，1977 年最鼎盛时达到两千人左右。至今，该党的指导思想一直没有发生根本变化，仍然主张在美国发动由工人阶级领导的暴力革命，通过武装夺权来使美国走上社会主义道路。1978 年前后，主要因为在对中国的看法上产生分歧，美国革命共产党发生分裂，副主席米奇·贾威斯（Mickey Jarvis）和 30% —40% 的党员，以及绝大多数革命学生旅（Revolutionary Student Brigade）成员退党，另行组建"革命工人总部"（Revolutionary Workers Headquarters，简称 RWH）。到 20 世纪 80 年代末，党员人数大约只有 500 人。②

　　自 1979 年以来，美国革命共产党一直发行一份名为《革命》（*Revolution*）的英语和西班牙语双语周报［1979—2005 年名为《革命工人》（*Revolutionary Worker*）］。此外，美国革命共产党还维护着一个网站 http：//www. revcom. us/。

九　美国共产党（马列主义）的兴衰（1965—1971 年）

　　1965 年，一部分前美国共产党党员在洛杉矶组建美国共产党（马列主义）［Communist Party USA（Marxist‐Leninist）。1965—1968 年间，该党出版一份报纸《人民之声》（*People's Voice*）和一

---

　　①　刘雅贤：《美国共产党与中国共产党关系的演变述略》，《中共党史研究》2010 年第 8 期。

　　②　王保贤：《"美国革命共产党"不是"美国共产党"》，《党建》2010 年第 5 期。

份理论杂志《红色旗帜》（*Red Flag*）。1968 年该党分裂为两个党，都叫美国共产党（马列主义）。阿诺德·霍夫曼（Arnold Hoffman）领导的那个党继续出版《人民之声》；迈克尔·拉斯基（M. I. Laski）领导的那个党则在 1969 年新出版了一份报纸《新工人》（*The New Worker*）。1969 年拉斯基的党与在纽约的无产阶级革命党（Proletarian Revolutionary Party）合并。这两个共产党在 1971 都消亡了。①

十 美国共产党（马克思列宁主义）的兴衰（1977—1982 年）

1977 年 6 月美国共产党（马列主义）[Communist Party（Marxist – Leninist），简称 CP（ML）] 成立，其前身是 1972 年成立的十月同盟（马列主义）[October League（Marxist – Leninist）]，党主席是迈克尔·克龙斯基（Michael Klonsky）。1982 年，美国共产党（马列主义）解散。②

---

① http：//marxists. anu. edu. au/history/erol/1960 – 1970/index. htm#mlp.
② 刘雅贤：《美国共产党与中国共产党关系的演变述略》，《中共党史研究》2010 年第 8 期。

第二章　苏东剧变后美国共产党对社会主义理论的艰难探索

发生于 20 世纪 80 年代末 90 年代初的苏东剧变，开始于波兰，随即扩展到东德、捷克斯洛伐克、匈牙利、保加利亚、罗马尼亚等前华沙条约组织国家，最后以 1991 年 12 月 25 日，苏联总统戈尔巴乔夫宣布辞职，将国家权力移交给俄罗斯总统叶利钦，苏联正式解体告终。

如前所述，长期以来美国共产党与苏联共产党一直保持着十分密切的关系，苏东剧变尤其是苏联解体给美国共产党带来了剧烈的冲击。自从戈尔巴乔夫（Mikhail Gorbachev，1931 年 3 月 2 日— ）1985 年上台以后提出"新思维"，不断鼓吹"公开"和"重建"，美苏关系得以缓和，戈尔巴乔夫也得到了当时的美国总统里根、英国首相撒切尔夫人等西方首脑的诸多赞誉。起初美国共产党也对戈尔巴乔夫的重建和复兴苏联社会主义的倡议表示欢迎，但是苏联越来越多地引入西方社会的负面因素，美国共产党的领袖格斯·霍尔①开始批评这些改革举措，认为这是在复辟资本主义，这直接导致苏联中断了对美国共产党的支援。在苏东剧变发生期间，美国共产党也一直密切关注事态发展。为了统一认识，加强团结，1989 年 7 月，美国共产党在伊利诺伊大学举行会议。美国共产党时任主席格斯·霍尔在关于意识形态的报告中指出，这次会议的

---

① 格斯·霍尔（Gus Hall），1910 年 10 月 8 日至 2000 年 10 月 13 日，于 1959—2000 年担任美国共产党总书记（General Secretary of the CPUSA）。

首要任务就是提高对意识形态的认识水平。会议最后提出，阶级斗争是客观存在的，否认阶级斗争的观点是错误的，要反对在统一阵线中放弃共产主义意识形态的错误倾向，美国共产党不能接受否认阶级斗争和工人阶级核心的错误思维，要继续作为社会主义卫士，积极宣传美国社会主义的蓝图和思想。但是，苏东剧变带来的冲击仍然余波荡漾，美国共产党内有人批评霍尔独断专行，说美国共产党是一个金字塔式的组织，还有人说霍尔的所作所为属于"权力腐败"。与此同时，美国共产党内的反对派开始积极活动，致使美国共产党面临内部分裂的危机。

第一节　提出权利法案社会主义的理念

1991 年 12 月 5—8 日，美国共产党在俄亥俄州克利夫兰市（Cleveland）召开第二十五次全国代表大会，这是苏东剧变以来该党召开的第一次全国大会，大会的主题就是加强党内的团结。时任美国共产党主席的格斯·霍尔以《在斗争中铸造团结》为题作了大会报告。在报告中，他分析了当时的形势，认为苏联已不再是社会主义国家的保护者，而美帝国主义则威胁着世界和平，世界进入垄断资本主义时期，国内右翼势力增强。社会主义失败和党内分裂都是因为右倾机会主义出现、泛滥所造成的。参会代表以绝对多数票通过结束右倾分裂主义的决议，重申党的指导思想是马克思列宁主义，美国共产党是以工人阶级为基础的、始终为工人阶级服务的政党，强调要实现社会主义就必须要处理好民主、民族、爱国主义、社会主义、国际主义之间的关系。霍尔评价此次会议是"我们马克思列宁主义工人阶级革命政党新生的一个开端，这场争论形成了一个新的成熟的、有组织性、纪律性、有能力而又自信可靠的领导组织，全党许多同志在过去的几个月里在政治上、思想上逐步成熟起来"。但是全党在如何维护马列主义传统、坚持民主集中制等问题上的分歧并未得到弥合，美国共产党领导层最终分裂，另外组成了"通讯委员会"。这次党内斗争可能造成了 300—1300 人退党。① 自此伊始，美国共产党不得不踏上独立探索符合美国实际的社会主义发展道路。

霍尔在 1996 年发表的《美国社会主义》② 比较全面地阐述了有关美国权利法案社会主义的理念，并认为美国社会主义将根据美国的传统、历史、文化和现实建立起来。因此，他将与世界上其他社会主义国家有所不同，具有美国独特的模式。这一理念于 2006 年写入美国共产党党纲中③，成为美国共产党的指导理论之一。

第二节　加强与工人阶级的联系

1996 年 3 月 1—3 日，美国共产党在俄亥俄州克利夫兰市（Cleveland）召开第二十六次全国代表大会。美国共产党时任主席霍尔提出建设"群众性共产党"（Mass Communist Party）的重要方针。美国共产党认为一个群众性的共产党意味着党同工会及工会领导人、社会团体建立密切的联系。要建设群众性的共产党，就要求党持续不断地开展高水平的群众教育活动，让群众掌握马列主义理论；党的领导要与群众广泛交流；党要深刻认识马列主义理论与美国社会实践之间的关系，增强对意识形态问题的洞察力；党要清楚地理解机会主义、左倾与右倾、联合阵线等问题，不断提高针对种族主义的、沙文主义的、反劳工的意识形态的敏锐洞察力；在统治阶级文化占主导地位的美国，党需要把更多的工人阶级的文化融入党内；党更需要办好《人民世界周报》，并扩大其影响；党还要把丰富的社会生活和文化生活融入党内。美国共

---

① 丁淑杰：《美国共产党召开第 27 次代表大会》，《国外理论动态》2001 年第 11 期。

② Hall G: Socialism USA.（https：//web. archive. org/web/20021230063156/http：//www. cpusa. org：80/article/articleprint/13/）.

③ CPUSA: The Road to Socialism USA：Unity for Peace，Democracy，Jobs and Equality.（http：//www. cpusa. org/wp－content/uploads/2009/10/CPUSAProgramWEB－3. pdf）.

产党认为党在行动上应该更加贴近群众，深入群众，把党的宗旨宣传到群众中去，"用群众喜闻乐见的形式影响群众、争取群众是一个群众性党的根本行动原则"。美国共产党同时认为"群众性的党并不意味着改变了党的基本概念、原理、结构和标准，仅意味着党以群众性的方式去执行它们。一个群众性的党不是马列主义政党，或马列主义政党不可能是一个群众性党的思想都是无稽之谈"。①

在这个新战略中，美国共产党强调要加强同工人阶级的联系，参与各种类型的工人斗争。格斯·霍尔指出："如果我们不能与工人联合起来，我们就不能学习或领导，我们就不能准确地测量和反映人民的状况和情绪，我们就无法得到合理的政治估价和政治需要，我们就不能在多种族、多民族的工人阶级中成立政党。"美国共产党在新党章中特别强调：美国共产党是美国工人运动的内在组成部分。新党章提出："我们珍惜我们与构成这一运动的主体即劳动人民和工会的联系，我们珍惜我们植根于这一运动之中的背景。我们在行动上寻求最大可能地跟劳联—产联以及其他独立工会保持团结，在反垄断的联盟中努力提高对有组织的劳工的领导作用。我们追求提高美国工会同世界上其他国家工会的联系和团结，并且把全球劳工及其组织的更高水平的团结作为击败日益增长的全球帝国主义压迫的唯一有效方式。美国共产党是世界共产主义和工人运动的内在组成部分。"②

2000 年 4 月，格斯·霍尔辞任美国共产党总书记并担任名誉主席（honorary chairman），由山姆·韦伯（Sam Webb，1945 年 6 月 4 日— ）接替他出任美国共产党主席（2000—2014 年）。

---

① 丁淑杰：《新时期美国共产党加强基层党建的若干新举措》，《社会主义研究》2010年第 2 期。

② 刘保国、任志祥：《美国共产党对社会主义实现条件的新认识》，《长沙理工大学学报》（社会科学版）2008 年第 4 期。

第三节　提出面向21世纪的新战略

2001年7月6—8日，美国共产党第二十七次全国代表大会在威斯康星州密尔沃基（Milwaukee）召开。大会主题是"劳工和人民团结一致反对右翼势力，开辟通往21世纪政治经济胜利的道路"。山姆·韦伯作了题为《新世纪、新发展、新斗争》的报告。[①]大会还作出了几项决议：《2000年大选之战》《为了就业、平等与和平而战》《支持巴勒斯坦为自决而战》《反对美国政府对古巴的封锁》等。

山姆·韦伯在其报告中强调，要用新的斗争经验来丰富社会主义理论。他说："我们的社会主义观，不是刻在石头上的，而是随着时间而变化，就像我们在新经验中获得新见识那样。""我们的思想应当适应新的条件并吸纳新的经验。马克思和列宁都认为，共产主义思想是开放的和不断变化着的。"[②]

美国共产党认为当前的全球经济领域绝对不是一个自由交换的场所，而是由少数国家和跨国公司实行高压统治的场所。跨国公司是全球经济的主要支柱，他们控制和利用国家机器以及超国家机构，例如国际货币基金组织，实现其目的。苏联解体后，全世界失去了一个遏制美国扩张的力量，美帝国主义更加肆无忌惮，把魔爪伸向全球。当前美国出现了强烈的反对统治者攫取全球经济和政治权力的运动，但是这一运动并没有单一的中心，它是多层次的，蕴含了很多政治力量。它的要求和斗争形式是多种多样的、激进的。美国共产党号召全党应该支持这一运动，并且进一步参与其中。

---

① Webb S：Keynote Address，27th Cpusa National Convention.（http：//www.cpusa.org/party_ voices/keynote－address－27th－cpusa－national－convention/）.

② 靳辉明：《美国共产党及其社会主义观——访美报告之二》，《真理的追求》2000年第8期。

美国共产党认为在 20 世纪，美国经济发生了一次重大转型，即从地区市场发展到全国市场；今天则发生着另一种转型，即从全国一体化的经济转到全球一体化的经济。跨国公司是这一次转型的主要推手，是新经济的推动者，而新技术也加速了这一进程。美国共产党注意到这两次转型存在本质的区别，前一次转型发生在一个国家内，后一次转型发生在世界范围内。当前的工人阶级队伍比一个世纪前更多，也更加分化，刚刚出现的新社会运动在一个世纪前是不可想象的。生产力和生产技术在当前的转型中所起的作用和过去相比也有明显的不同。美国共产党认为要考虑到资本主义每一个阶段的特殊性，把资本主义的各个发展阶段区别开来，制订出各自阶段的具体战略和战术。

美国共产党认为追求平等、反对种族主义的斗争是党一贯的战略基石。今天实现平等的主要障碍是反动的右翼势力。数十年来美国共产党斗争的口号一直是"黑白团结战斗"，现在为了吸引更多的人，把口号调整为黑、棕、白的团结或者说多种族多民族的团结。美国共产党认为"黑棕白团结"的提法更适合工人阶级和社会运动的新情况。

美国共产党认为妇女平等在实现劳工和人民运动团结中发挥着关键的作用，妇女在家庭里的无报酬劳动、在工厂里的低报酬劳动等事实说明，妇女在工厂、家庭、社会中还面对着制度性的不平等。美国共产党呼吁创造更多的空间，以便女性共产主义者在理论和实践两方面为党和群众运动作出更大贡献。

美国共产党强调加强党同群众斗争和社会运动的联系，并认为群众斗争是共产主义的基础，否则共产主义就只剩下了一个空壳。美国共产党还提出要注意在思想和行动上不能落后于群众，必须善于把当前的任务和长远的战略目标联系起来。美国共产党认为当前党内最优先的工作是加速吸收新党员。

美国共产党认为工人阶级依然是反对右翼势力的主要阶级依靠力量。党要特别关注工联主义者，因为工联主义者具有独特的政治眼光以及组织的稳定性，对共产党和人民的斗争有着朴素、深厚的感情。现在发展党员的工作中心是加强俱乐部工作，把俱乐部作为真正进行政治教育和交换社会经验的地方。要有意识、有计划地发展党员。美国共产党认识到，要建设强大的党，就要让人民更好接近，具有更高的透明度和更广泛的群众性，党要具有现代化的形象。美国共产党在这次大会上强调，作为合法政党应采取相应的活动，不需要隐藏自己的观点。

由于深受苏联和共产国际思想的影响，美国共产党此前未能正确认识社会民主主义者与自身的关系，戴着有色眼镜看待社会民主主义者，认为他们是社会主义的反对者、阻碍者。在第二十七次全国代表大会上，美国共产党对阶级和阶级斗争的性质、概念进行了总结和反思，他们认识到阶级不是呆板、生搬硬套的概念，而是灵活机动的、开放的、弹性的概念。美国共产党认为，社会民主主义者虽然未能看透资本主义的根本面目，但是他们清楚地认识到资本主义的表象，如剥削程度加剧、失业人员增多、民众生活困苦等，他们蔑视和痛恨资产阶级追求利润的丑态，承认资产阶级和工人阶级之间存在对立关系，但他们认为这种对立是可以调和的，是可以在资本主义制度内部解决的。美国共产党重新定位了其与社会民主主义者之间的关系：不是敌人而是盟友关系。虽然双方在意识形态上存在差异，但在面对强大的资产阶级之时，他们的目标是一致的，甚至在某些问题上有着一致性。美国共产党从而认为要善于求同存异，与社会民主主义者结成广泛的同盟军。

美国共产党认为权利法案社会主义反映了美国共产党对民主和社会主义的看法。他们认为民主斗争是马克思列宁主义的理论和政治基石，在千百万人民准备走向社会主义道路之前，民主斗争绝不是一句空谈。首先，民主斗争的胜利，改变了世界上受压迫、受剥削者的生活；其次，在争取民主权利的斗争中，工人阶级及其同盟者增强了信心、提高了团结、增强了对政治的理解力，为下一步斗争奠定了基础。

有人认为，现在迂回追求民主，反而耽误了更多的革命工作，甚至脱离了阶级斗争。美国共产党对此批评道：世界上不存在所谓纯粹的阶级斗争，每一种阶级斗争的内部都含有民主斗争的成分，每一种民主斗争内部也都含有阶级斗争的成分。失去了持续追求民主的斗争，工人阶级就会和它的同盟军相分离，也就不能发挥领导作用。美国共产党认为要引导美国人民走社会主义道路，社会主义的形象和内容必须实行彻底民主。否则，美国人民将停止追求社会主义。美国共产党认为尽管社会主义为发挥民主提供了最好条件，但是加深和扩大民主的过程绝不是自发实现的，相反，执政党和人民组织必须重视发展民主的形式和实践。由于20世纪的社会主义在形象上不够民主，因此，不能断言社会主义民主本身就比最发达的资本主义民主高许多倍。① 美国共产党认为今后的主要工作就是加强自身的民主建设，在民主斗争中逐步扩大共产党的影响力，为最终实现共产主义积蓄力量。

在本次大会上，美国共产党对其在1987年第二十四次全国代表大会上通过的党章进行了一系列修改。把"党的指导思想是马克思列宁主义的科学原理"写入党章，从而明确了美国共产党不再把马克思列宁主义作为教条，而要把马克思列宁主义的普遍真理与个别过时论断区别开来的态度。新党章中还把1987年党章规定的"党的目标是实现社会主义社会"，修改为"党为人民利益和权利而奋斗，最终目标是用社会主义社会代替资本主义社会，建立工人阶级所领导的、具有广泛人民基础的政府"，对党的目标进行了更明确的界定，把党的日常斗争和建立社会主义的长远目标结合起来，并且对未来社会主义社会的一般特征作了概括，因而更具操作性。

新党章详细论证了资本主义的本质，分析了资本主义制度不可

---

① 丁淑杰：《美国共产党召开第27次代表大会》，《国外理论动态》2001年第11期。

能给民主充分发挥的空间，特别指出"在资本主义社会里，民主是有限的"。党章中特别强调"美国共产党是美国工人运动的内在组成部分"，"我们珍惜我们与构成这一运动的主体——劳动人民和工会的联系，我们珍惜我们植根于这一运动之中的背景。我们在行动上寻求最大可能地跟劳联—产联以及其他独立工会保持团结，在反垄断的联盟中，努力提高有组织的劳工的领导作用。我们追求提高美国工会同世界上其他国家工会的联系和团结，并且把全球劳工及其组织的更高水平的团结作为击败日益增长的全球帝国主义压迫的唯一有效方式。美国共产党是世界共产主义和工人运动的内在组成部分"。在组织原则上，美国共产党仍然强调民主集中制，但是对民主集中制的解释有所不同，删去了1987年党章中的"民主集中制保证全党成员和领导的意愿和行动的统一"的表述。新党章中把民主集中制解释为"党的决定和政策通过民主的程序产生，一旦作出最终的决定，所有成员都必须执行它"。增添了"团结是劳动人民在提高自己利益的斗争中的最强大武器"。删去了集体主义是党的工作作风的基本概念，代之以"集体主义是我们党的基本工作作风，通过集体讨论和行动，我们应用可能最好的方案来提高工人阶级的利益"。此外，新党章简化了入党程序、党员在国内转移组织关系的程序。[1]

根据美国共产党第二十五次全国代表大会以来的文件，美国共产党始终在探寻壮大力量，扩大影响的道路。一旦失去人民的支持，美国共产党要想在美国的政治和社会生活中发挥作用，无疑只会是空想。

第四节　提出新的党纲

2005年7月1—3日，美国共产党在伊利诺伊州芝加哥市（Chi-

---

[1] CPUSA: Constitution of the Communist Party of the United States of America. (https://web. archive. org/web/20030402023349/http://www. cpusa. org: 80/article/articleprint/15/).

cago）召开了第二十八次全国代表大会，主题是"打败布什政府——人民必胜！"（Defeat the Bush Agenda – the People Can Win!），美国共产党时任主席韦伯在主旨演讲中谈到了很多问题。[①] 大会针对劳工、和平问题作了特别报告。出台的决议包括《有关雇员自由选择法案的背书决议》（Resolution Endorsing the Employee Free Choice Act）、《对移民权利的决议》（Resolution on Immigrant Rights）、《关于死刑的决议》（Resolution on Capital Punishment）等。此次大会讨论通过了新党纲《通往美国社会主义的道路：团结起来争取和平、民主、就业与平等》（The Road to Socialism USA：Unity for Peace, Democracy, Jobs and Equality）。新党纲融合了霍尔提出的"权利法案社会主义"及山姆·韦伯对美国共产党性质、作用的理解，详细阐述了当前美国工人阶级受到的剥削、压迫，指出资本主义制度的问题，要求工人阶级与各方进步力量团结起来，实现社会主义。新的党纲是美国共产党从现在一直到实现社会主义战略的一个权威表述。美国共产党此次修改党纲的一个突出特点是打破了以往的一切束缚，把争取广泛联合、团结一致反对极右势力作为当前工作的重心。[②]

第五节　对金融危机的思考

2010 年 5 月 21—23 日，美国共产党第二十九次全国代表大会在纽约召开。韦伯作了主报告"走出日益深化的危机"[③]，美国

---

① Webb S：Keynote Address to the 28th National Convention of the Communist Party, USA. (https：//web. archive. org/web/20070807044059/http：//www. cpusa. org/article/articlev iew/649/1/125/).

② 丁淑杰：《面向未来的美国共产党》，《"当代世界社会主义前沿和热点问题"学术研讨会暨 2007 年当代世界社会主义专业委员会年会论文集》，中国辽宁大连，2007年，第 6 页。

③ Webb S：A Way Out of the Deepening Crisis. (http：//www. cpusa. org/party_ voices/a – way – out – of – the – deepening – crisis/).

C - SPAN 电台在 5 月 31 日转播了该演讲。① 在报告中，韦伯认为企业高管们策划、协助并教唆有些人盗窃财富，还把经济推下了深渊，这些人应该待在监狱里。韦伯认为美国的极右翼政治力量发动了新的种族主义攻势，削弱人民对首位非洲裔美国总统的支持。韦伯还呼吁代表们积极参加就业斗争，反种族主义斗争，以及基层选举工作。韦伯还详细描述了社会主义的愿景，这个愿景建立在美国的文化、历史、民主和传统基础上。韦伯认为社会主义在环境和经济方面必须是永续的，在面临全球变暖的巨大威胁面前，社会主义更是不可或缺的。

此次大会出台的决议有：《就业是关键所在》（Jobs is the Defining Issue）、《团结起来反对法西斯主义》（Build United Action Against Racism and for Unity）、《为 2010 年中期选举作充足准备》（All Hands on Deck for the 2010 Midterm Elections）、《移民权利也是民主斗争》（Immigrant Rights is a Struggle for Democracy）、《结束战争——满足人类需求，不要穷兵黩武》（End the Wars - Fund Human Needs not Militarism）。②

第六节　再次修改党章

2014 年 6 月 13—15 日，美国共产党第三十次全国代表大会在芝加哥召开，大会重新修订了党章③，选举约翰·巴切特尔（John Bachtell，1956 年 3 月 26 日—　）接替韦伯出任美国共产党全国主席。

韦伯作了大会主报告《建设一个现代的、成熟的、勇敢的和群众的政党》（Convention Keynote：For a Modern，Mature，Militant，

① http：//www. peoplesworld. org/article/c - span - broadcasts - communist - party - usa - keynote/.

② http：//www. cpusa. org/29th - national - convention/.

③ CPUSA：Constitution of the Communist Party of the United States of America.（http：//www. cpusa. org/cpusa constitution/）.

and Mass Party）。在报告中，他提出了美国共产党面临的八项挑战：人民的呼声、为劳动人民服务的经济、帮助劳工成长和复苏、选举和独立政治斗争、气候变化和全球永续、新种族主义秩序、停止暴力与世界和平、党的建设。[①]

大会作出的决议有：《停止驱逐出境！为移民权利而抗争》（Stop Deportations! Fight for Immigrant Rights）、《保护工人家庭免受气候变化的伤害》（Defend Working Families from Climate Change Horror）、《反对加入 TPP 和其他贸易协定的决议》（Against TPP & Other Worker – Unfriedly Trade Pacts）、《美国的亚洲政策》（U. S. Policy in Asia）、《以色列和巴勒斯坦问题》（Israel & Palestine）等。

重新修订的党章前言部分删去了对种族主义的批评，代之以对资本主义的集中批判："资本主义让数十亿世界人民陷入贫困。它给人类带来无尽的战争。它体制化地实行种族主义，压迫妇女，扼杀青年对未来的希望，煽动对同性恋、跨性别、少数信仰人士以及移民和残疾人的歧视。在全球恶性竞争中，资本主义挑动工人内斗。在企业利益的唆使下，不断攻击人民艰难取得的民主权利。资本主义对利润的贪婪毒化了地球的海陆空。资本主义把人民和资源作为任意处置的商品，而把财富集中到少数亿万富豪的手中。"

新党章把"以马克思列宁主义指导我们的行动"修改为"在美国的历史、文化和传统基础上，运用马克思、恩格斯、列宁等人发展的科学观"。这体现出美国共产党在马克思主义本土化认识方面的进步。

新党章还对组织原则作了重新表述，删去了"党的决定和政策通过民主的程序产生，一旦作出最终的决定，所有成员都必须执行"等对民主集中制的描述，把民主决策、团结和集体主义作

[①] http：//www. cpusa. org/article/convention – keynote – for – a – modern – mature – militant – and – mass – party/.

为基本组织原则。①

第七节　对社会主义的反思

韦伯认为，统治阶级不遗余力地在人民大众中诋毁社会主义，利用宣传误导人民。很多智库每当提及苏联和其他国家社会主义制度的瓦解时，都说社会主义不仅溃败了，而且永远不会再生，而美国共产党认为，社会主义是一种由劳动人民当家作主，共同建设更好世界的制度，②但是，人们必须从20世纪80年代末至20世纪90年代初苏联和东欧、蒙古等社会主义国家的崩溃中吸取教训，研究导致这些国家崩溃的内外部原因。③

韦伯认为，今天要更好地宣传社会主义，一定不要简单重复马克思、恩格斯说过的话。社会主义在20世纪的世界发展中是一个历史事实，不能视而不见，至少说这个经验是错综复杂的。

一方面，在将近半个世纪的时间里，社会主义帮助落后国家和地区实现了转型和现代化，保障了关键的经济和社会权利，帮助有些国家摆脱了殖民束缚，还为战胜纳粹势力贡献了决定性的力量，以其存在自身对资本主义世界的统治阶级形成压力，迫使他们向工人阶级和民主运动作出让步，最后还发挥了抗衡美帝国主义侵略野心的作用。

另一方面，社会主义在政治、经济、文化领域存在的缺陷和错误，特别是在苏联时期出现的严重错误，最终导致了苏联和东欧各国在公民的抗议下土崩瓦解。必须认真地研究所有这些历史，联系当前面临的环境、挑战，从中吸取教训，以便构建一个能够继续前进的、具有说服力的社会主义。

---

① http：//www. cpusa. org/article/convention－keynote－for－a－modern－mature－militant－and－mass－party/.

② CPUSA：The Road to Socialism USA：Unity for Peace，Democracy，Jobs and Equality. （http：//www. cpusa. org/wp－content/uploads/2009/10/CPUSAProgramWEB－3. pdf）. p. 3.

③ Ibid. ，p. 13.

韦伯认为，社会主义应该包括一套完整的价值和规范，比如社会团结、平等、非暴力、经济公平、消灭剥削、民主、尊重差异、个体的自由和解放、可持续发展和国际主义。这些都不是可有可无的，而是在工人群众的斗争中总结出来的，也是社会发展的必要条件。从历史来看，在共产主义运动中有一种倾向，把社会主义的价值和规范作为手段，结果在与阶级敌人进行斗争和建设社会主义的时候，这些价值和规范就变得无足轻重。因此，必须从历史中吸取教训，在对待社会主义的价值问题上不能掉以轻心。如果这些价值对革命进程不起作用，如果社会主义的建设目的和方法不能反映这些价值，那么社会主义就将失去它最吸引人的地方：人道主义和道德优越，而这些东西一旦丧失，就难以恢复。为此全体公民就必须积极投身民主组织中，全力参与社会主义政治文化。

社会主义的价值应当贯穿于社会主义国家的文化、宣传和决策过程中。尽管这些价值的完全实现需要时间，甚至会和社会主义的近期发展要求相冲突，但是必须要用这些价值来规定社会主义建设的手段和目标。比如，从经济和文化原因来看，工资分级制不符合社会主义发展阶段的目标。此时，平等的价值规范就必须作为预防手段来防止收入过度分化，防止出现特权，同时还可以作为一种提示：社会主义发展的更高阶段将会消除不平等。

韦伯认为，在最宽泛的意义上来说，民主斗争处于社会进步和社会主义的核心。民主（改变自身命运的机会）已经成为当前资本主义发展阶段工人阶级生活的必要条件，就像早期的食品和住房一样。民主斗争不仅是实现目标的手段，也是一种推动阶级斗争策略的工具。民主斗争既是手段，也是目的，它给了人民力量，同时，人民也给了民主以力量。资本主义限制了人民的民主生活，提高和扩大民主的斗争是须臾不可或缺的。在民主斗争中，工人阶级及其同盟获得了实际经验，他们理解了政治，在政治和组织上团结起来，进而削弱了对立阶级的权利。更重要的是，他们立即改善了自身在日常生活中的境遇。总之，离开民主斗争就无法走向社会主义。否则，立刻就会在政治上限于孤立，失去支持。

正如列宁指出的那样，"如果认为争取民主的斗争会使无产阶级脱离社会主义革命，或者会掩盖、遮挡住社会主义革命等等，那是根本错误的。相反，正像不实现充分的民主，社会主义就不能胜利一样，无产阶级不为民主而进行全面的彻底的革命的斗争，就不能作好战胜资产阶级的准备。"①

列宁还指出，"社会民主党人永远不应当而且一分钟也不应当忘记，无产阶级为了争取社会主义，必然要同最主张民主共和的资产阶级和小资产阶级进行阶级斗争。这是毫无疑问的。这样，社会民主党就绝对必须是一个单独存在的、阶级性十分严格的独立政党。这样，我们和资产阶级'合击'的行动就带有暂时的性质，我们就必须'对同盟者，犹如对敌人一样'进行严格的监视，如此等等。对所有这些也是丝毫不能怀疑的。但是，如果由此得出结论，说可以忘记、忽略或轻视那些对现在来说是迫切的、哪怕只是暂时的和临时的任务，那就是可笑的而且是反动的。和专制制度作斗争是社会主义者的一个临时的和暂时的任务，但是对这个任务的任何忽略或轻视，都等于背叛社会主义和为反动势力效劳。无产阶级和农民的革命民主专政当然只是社会主义者的一个暂时的、临时的任务，但是在民主革命时代忽略这个任务，就简直是反动了。"②

韦伯甚至认为，列宁对民主斗争的上述理解在美国共产党的思想和行动中并未得到贯彻。韦伯说，尽管阶级和阶级斗争仍然处于政治、经济、社会和文化生活的中心，但是无法与其他的分析和斗争割裂开来。除了在高度理论层面，不存在纯粹的阶级斗争或纯粹的民主斗争。当从理论抽象走向政治现实之时，阶级和民主斗争就是相互交织的，并存在于复杂的、变化的政治社会过程

---

① 《列宁选集》第 2 卷，人民出版社 2012 年版，第 562 页。
② 《列宁选集》第 1 卷，人民出版社 2012 年版，第 591—592 页。

中。这一过程由资本主义积累的逻辑形成，并反作用于资本主义积累的逻辑。民主斗争将极大地增强阶级团结，和各个阶段的阶级斗争，包括社会主义阶段。同样的，支持工人阶级的力量相对增强，仅仅是民主运动的新推力。进而言之，支持工人阶级及其盟友的阶级力量变强，则开辟了新的民主前景，而这正是被剥削和被压迫者梦寐以求的。

韦伯还认为，计划与市场的混合机制是由现实的政治和经济条件决定的。比如，1921 年列宁引入了新经济政策，允许市场复活，鼓励发展合作社。这不仅是恢复遭受国内战争破坏的经济所必需，也是为了重建弱小的工人阶级与广大遭受磨难的农民阶级之间的战略联盟。经济政策取决于对特定时期的政治、经济和文化现实的清醒认识。因此，韦伯认为，美国将来的过渡经济也会是一种混合型经济，融合了社会主义、合作社财产，以及私人企业等不同形式。当民主计划开始在经济生活组织里发挥主要作用的时候，市场机制也可能比以往设想更长地在经济领域中发挥作用。但是社会主义可以在一些经济领域，比如健保、食品、教育、育儿、养老以及一般保障收入等取消商品交易，这不是为了替代职业工资和减少工资差异，而是为了减少贫困，取消劳动市场。

韦伯还认为，社会主义不能被简化为社会所有权、中央计划、经济增长。社会主义当然要解决财富问题，但是社会主义社会的发展是一个更加复杂的认识过程。生产、管理、文化等等社会主义关系都不能简单归结为社会主义生产力的发展。社会主义生产和经济发展只不过是社会主义建筑的基础。生产力只不过为全民发展提供了可能性，而这种可能性的实现则有赖于千百万人民的能动性，有赖于社会为每个人提供民主和人类自由的力量源泉，还有赖于社会主义建设者（即劳动人民）周而复始地重构社会主义关系，以适应新条件、新情况和新要求的能力。

韦伯认为，共产党的任务不是驾驶国家之舟，这个任务只有更广大的左翼联盟和最广大的人民才能胜任。共产党应当是这个重大任务的一分子，但是不能把群众排除在外。共产党的首要作用是把人民动员起来、组织起来，加深和扩大自身与劳动群众主要组织之间的联系，及时发现紧迫问题的解决方法，把创造性的、批判性的马克思主义带给千百万新社会的建设者，既要坚信千百万人民的创造力，也要告诉新社会的建设者们：共产党做的一切都是为了他们。遗憾的是，前社会主义国家的共产党都没有很好地做到这些要求。

第八节　循序渐进，和平实现社会主义的道路

美国共产党在反思了社会主义的历史经验之后，制订了自身为争取社会主义而奋斗的纲领。这就是第二十八次全国代表大会上通过的《通往美国社会主义的道路：团结起来争取和平、民主、就业与平等》（The Road to Socialism USA：Unity for Peace，Democracy，Jobs and Equality）。在这个最新的党纲中，美国共产党把实现社会主义的道路划分为三个阶段：反极右翼阶段、反垄断阶段、实现权利法案社会主义阶段。

美国共产党认为，客观分析斗争的不同阶段是制订正确的长期战略的关键。这里说的斗争阶段不是指从一种社会经济制度转变为另一种，特别是在反对极右翼和反对垄断势力这两个斗争阶段，美国仍然是资本主义的社会制度。美国共产党特别指出，在这些不同阶段之间并不存在一成不变的界限，也就是说斗争阶段将会是动态的，并不存在一个简单的公式或明确的时间表。

在反对极右翼的阶段，会实现一些要求，取得一些胜利，作为整体的垄断势力可能遭到削弱；而在全面反对垄断的阶段，某些重大要求可能无法完全实现或者根本无法实现，必须要等到劳动人民当家作主，并建立了社会主义制度那个阶段才能实现。对不同斗争阶段的划分，不是依据特定的要求，而是依据特定阶段的战略和最重要的因素即团结程度来划分。在不同阶段之间的变化

不是依靠刻板的计算，而是建立在力量对比改变上。比如，当人民团结的力量不断增强并足以击败极右翼，足以决定性地改变力量对比之时，才可能进入反垄断阶段。①

一 在通往社会主义革命的道路上，民主斗争和阶级斗争相辅相成

对于民主斗争和阶级斗争的关系，美国共产党认为，正如列宁所说的那样："一切'民主制'就在于宣布和实现在资本主义制度下只能实现得很少和附带条件很多的'权利'；不宣布这些权利，不立即为实现这些权利而斗争，不用这种斗争精神教育群众，社会主义是不可能实现的。"② 在通往社会主义的道路上，阶级斗争和民主斗争相辅相成。但是，它们既不是一回事，也不能相互取代。这两种斗争的相互作用将会形成社会主义革命的前夜。在社会主义的前夜，斗争将到达决定性的转折点，并超越资本主义制度下民主斗争的局限性，而社会主义的胜利将开启民主发展的新阶段。在社会主义革命之后，将会发生一种量变，即一个有计划的、有保证的民主进步过程，与此同时，工人阶级则上升成为新的统治阶级。③

第一，民主斗争的内容。在美国和世界各地，民主斗争无处不在。这些斗争努力为所有工人争取生活的各个方面扩大民主，以提高他们的实际生活水平；这些斗争还包括阻止生活条件的恶化。民主斗争不仅仅是民主权利、公民自由和民主选举，还包括和平、种族和民族平等、为妇女创造平等的职位、提高最低工资线、充足的健保、教育、育儿服务、住房、社会保障、养老金等退休福

---

① CPUSA：The Road to Socialism USA：Unity for Peace，Democracy，Jobs and Equality. (http：//www. cpusa. org/wp－content/uploads/2009/10/CPUSAProgramWEB－3. pdf). p. 57.

② 《列宁选集》第2卷，人民出版社2012年版，第781页。

③ CPUSA：The Road to Socialism USA：Unity for Peace，Democracy，Jobs and Equality. (http：//www. cpusa. org/wp－content/uploads/2009/10/CPUSAProgramWEB－3. pdf). pp. 24－25.

利、保护环境、保护家庭农场和小企业、关心青年人、文化活动、独立媒体、累进税、大幅削减军费，等等。因此，各个阶级和各种社会力量要求削弱跨国企业势力的斗争都属于民主斗争。

民主斗争的目标是在资本主义环境下扩大所有工人的民主权利。民主斗争集中了工人、其他阶级和社会力量共同反对一部分资本家。民主斗争需要劳工与其他力量团结起来。这正是极右翼企图限制民主权利的一个原因。随着反对极右翼的战斗日益激烈，极右翼对民主权利的攻击也愈加猛烈。保护和扩大民主的斗争既是击败极右翼的方法，也是削弱垄断势力的方法。在民主斗争的过程中，阶级斗争将会走向胜利。民主斗争还是把工人阶级和人民的力量吸引到社会主义的方法。每一次民主斗争都削弱了整个资本家阶级或至少一部分资本家，因此在客观上有助于改变阶级力量对比，从而加强工人阶级的力量。保护和扩大民主的斗争是让美国走向社会主义的唯一道路，舍此别无他图，其他道路则不仅注定失败，而且在政治上也不堪一击。①

第二，阶级斗争的内容。阶级斗争指工人在特定的工作场所反对特定的企业或部门，以及在更宽广的社会经济斗争中反对资产阶级。阶级斗争的长期目标是夺取政权，建设社会主义。每一个具体的阶级斗争都是民主斗争的一部分，因为在这些斗争中，广大工人努力扩大或保护他们的民主权利。阶级斗争往往发生在政治场合，而数以百万计的工人所开展的民主行动，则可以强烈地改变这类斗争的结果。②

二　当前处于反极右翼斗争阶段

美国共产党认为，当前处于通往社会主义道路的第一个斗争阶段，即反对极右翼的阶段。在这个阶段，必须借助民主党的力量

---

① CPUSA：The Road to Socialism USA：Unity for Peace，Democracy，Jobs and Equality. （http：//www.cpusa.org/wp－content/uploads/2009/10/CPUSAProgramWEB－3.pdf）.p.26.

② Ibid.，pp.24－25.

才能对抗反动的共和党。

数十年来，美国的资本家阶级中出现了两个主要的政治动向，在跨国企业、政党和政府中这两种动向相互作用。一个动向代表了跨国企业中最反动的力量。在控制共和党以后，他们相继选出了罗纳德·里根（Ronald Wilson Reagan, 1911 年 2 月 6 日至 2004 年 6 月 5 日）[1]、乔治·布什（George Herbert Walker Bush, 1924 年 6 月 12 日— ）[2] 担任美国总统。从 20 世纪 70 年代开始到里根上台后，美国政府变本加厉，不断加强军事力量。在各种主流政治派系、绝大多数共和党和民主党的当选官员对资本主义全球化的支持下，签订了《北美自由贸易协定》（North American Free Trade Agreement, 简称 NAFTA）[3]，加入世界贸易组织（World Trade Organization, 简称 WTO）[4] 等国际贸易条约和组织，导致美国制造业岗位不断外包离开美国。他们还不断攻讦工会及其谈判权利，要求对富人减税，要求削减社会福利，丑化美国的敌人，秘密资助尼加拉瓜右翼发动国内战争，运送武器给伊拉克的萨达姆·侯赛因这类独裁统治者。他们还入侵巴拿马、格林纳达等小国，借此实验新型武器装备和军事战略，还在国内外破坏那些反对美国军事侵略政策的抗议活动。

另一个动向则与民主党的领袖密不可分。他们对劳工和受压迫者、妇女等民主党的基础力量所提出的要求作出让步，以减轻社

---

① 1981—1989 年担任美国第 40 任总统。

② 1989—1993 年担任美国第 41 任总统。

③ 北美自由贸易协议（英语：North American Free Trade Agreement, NAFTA）是美国、加拿大及墨西哥在 1992 年 8 月 12 日签署的关于三国间全面贸易的协议。该协议由美、加、墨三国组成，在 1994 年 1 月 1 日正式生效。

④ 前身是成立于 1947 年的关税及贸易总协定（General Agreement on Tariffs and Trade, 简称 GATT）。世界贸易组织中文简称是世贸组织。1994 年 4 月 15 日，在摩洛哥的马拉喀什市举行的关贸总协定乌拉圭回合部长会议上，决定成立更具全球性的世界贸易组织。1995 年 1 月 1 日，世界贸易组织成立，负责管理世界经济和贸易秩序，总部设在瑞士日内瓦莱蒙湖畔。其基本原则是通过实施市场开放、非歧视和公平贸易等原则，来实现世界贸易自由化的目标。它是当代最重要的国际经济组织之一，拥有 164 个成员，成员贸易总额达到全球的 98%，有"经济联合国"之称。

会不满。他们通常支持在与国外和国内社会力量的相互关系中，减少单边政策，放下傲慢姿态。在追求自身的帝国主义利益时，除非万不得已，这一派的跨国资本及其政治代表似乎更不愿意动用武力。他们更看重发挥联合国等国际组织的作用。在国内，他们不断要求加强经济管制、提高社会福利，以保持社会稳定，避免破坏性的资本主义竞争出现严重后果。在资本家阶级中存在的这种重大分歧给工人阶级和进步力量创造了重大机会。因此，在有些问题上，那些更温和的、更现实的资本家及其政治组织和人民运动结成了暂时性联盟，这一点非常重要。此时，迫于人民运动和大众态度的压力，他们往往会采取更积极的姿态。

　　总的来说，美国共产党认为，尽管民主党和共和党都是资本家的组织，但是这两者还不尽相同。极右翼现在掌握着共和党。民主党现在不止发挥着国民领袖的功能，它还是非洲裔和拉丁裔美国人的主要代表，是劳工、进步人士甚至是左翼人士竞选公职的主要渠道，尤其是在地方层面。在民主党内部也存在斗争，这就是与右翼结盟的中间派和反对右翼的中间派之间的斗争。反右翼的人通常与进步力量一起致力于击败极右翼。在民主党中，在劳动人民中都存在的斗争，正是争取让政治摆脱企业控制这一全面斗争的反映。任何希望得到人们支持的进步政治活动战略，都必须与这些斗争紧密联系起来。

三　如何打败极右翼

　　美国共产党认为，打败极右翼的唯一可行战略是最广泛地联合各阶级和社会力量，这些人的利益与最反动的那部分跨国企业是对立的。这个包罗万象的联盟应当由劳工阶级及其亲密盟友（民族和种族受压迫者、妇女和青年）来领导。它应当包括老年人、家庭农场主、LGBT 人士①、专业人士、小企业主、残疾人等，当然

---

　　① LGBT 是女同性恋者（Lesbians）、男同性恋者（Gays）、双性恋者（Bisexuals）与跨性别者（Transgender）的英文首字母缩略字。20 世纪 90 年代，由于"同性恋社群"一词无法完整体现相关群体，"LGBT"一词便应运而生并逐渐普及。

要排除最反动的跨国资本。这个联盟中应当包括不断增长的左中翼政治联盟，其中也有民主党、左翼和进步的独立人士，他们认识到极右翼带来的危险，以及当前所有的重大社会运动。这个全民阵线应当努力吸引，并且能够吸引过去把票投给共和党的很多人。

美国共产党认为尽管打败极右翼的斗争是一次民主斗争，但是它也会推动阶级斗争，并且有可能改变力量对比，有助于工人阶级取得胜利并展开进攻行动。反对极右翼，反对最反动的跨国企业，争取打垮其政治力量的斗争具有重大意义。不过，这种打击还不能终止极右翼带来的危险，比如最极端的反动者、好战分子和种族主义者会企图实施法西斯主义，也就是大资本的公开恐怖独裁统治。因为恰恰是资本主义带来了这样的政治动向，所以只有以社会主义取代资本主义，才能最终消除极右翼的威胁。

美国共产党认为，目前最紧迫的任务是开展如下活动：

（1）捍卫基本的民主投票权。由于极右翼实施了反民主的选举办法，比如操纵政治进程，包括种族主义者阻挠投票，各党派根据自己利益实行的选区重划，使用缺少纸质跟踪计票的电子投票机，这些都表明公民的投票权利遭受了种种限制。为保护基本的民主投票权利，需要采取重大的改革行动，比如实行比例代表制（Proportional representation）①，废除选举团（electoral college）②，取消对小党参选所施加的各种无理要求。

---

① 按照各政党所获选票数在总票数中所占比例分配议员席位。比例代表制使各政党所得选票和所得席位成正比，有利小党发展而且比较客观地反映政治组织的实力。

② 这是美国特有的一种选举方式。根据美国宪法，美国总统由选举团选举产生，并非由选民直接选举产生，获得半数以上选举团票者当选总统。选民在大选日投票时，不仅要在总统候选人当中选择，而且要选出代表50个州和华盛顿特区的一共538名选举人，以组成选举团。赢得270张以上选举团票的总统候选人即获得胜利。绝大多数州和华盛顿特区均实行"胜者全得"（winner‐take‐all，又译作赢者通吃）规则，即把本区的选举团票全部给予在本区获得相对多数选票的总统候选人。当选的选举人必须宣誓在选举团投票时把票投给该州获胜的相应候选人。因此，大选结果通常在大选投票日当天便可根据各州选举结果算出。此后，美国参众两院还要举行联席会议，清点选举团投票结果，宣布获胜者，至此新总统当选程序才算全部完成。但长期以来，美国总统选举结果通常在大选投票日就已成定局，选举团投票和国会点票只是礼仪性的程序，并无实际意义。

（2）组织基层群众。根据工人需求，组织基层群众是推动力量对比向左转移的关键。建立跨种族、跨国界的运动，向南方和农村地区扩大工会组织等运动，也是克服被极右翼利用的种族主义和偏见的关键。

（3）组织工人运动。工人运动在其组织和策略上已经发生了重大转移，领导着很多争取进步和变化的联盟，也领导着反对大企业和极右翼进攻的抵抗斗争。劳工积极参与选举斗争，让数以千计的工会成员成功当选各类公职人员，形成属于劳工自己的独立政治机构，有助于更好地联系、教育、动员工会成员。不断地努力组织工人，与盟友建立联系，在政治上开展斗争，这些都让工人成为绝大多数进步联盟和竞选活动的关键因素。在各种主题上努力统一劳工运动必将为建立最广泛的联盟奠定基础。

从20世纪90年代起，劳工运动在建立独立的、针对特定议题的、贴近工人的政治机构上发挥了领导作用。其在单位和社区开展拓展活动，如在2004年大选中动员了25万工会成员，这个活动既是持久组织的基础，也是让工会成员得以当选公职人员的关键。非洲裔、拉丁裔、亚裔美国人以及妇女、青年、同性恋、环保组织等也在基层开展了类似的、以特定议题为基础的活动，这加大了在反对极右翼的全民阵线中左翼的声势。即使极右翼控制着联邦政府部门，但是在立法方面，人民也能在一个个地方性的、州级的甚至是全国性的特定议题（比如提高最低工资）上取得胜利。

（4）建立第三党。第三党都认识到在这个时代，只要左翼、中翼联合起来击败极右翼，就会积极改变力量对比，也有助于形成反对垄断的、稳定的第三党。他们有些是通过建立独立的选举组织，有的是利用融入战术，有的是建立全国性的组织或政党，这些都非常有利于击败极右翼。不过，还有一些党采取的策略则是从能够长期维持独立政治行动的主要力量中分裂出来另立新党。

（5）发挥全民阵线的作用。美国共产党的基本观点是投身于人民的选举政治中去，因为当前的斗争阶段需要以全民阵线来击败极右翼。这是目前这个历史阶段的根本战略，并非临时性的策略改变。极右翼的政治统治威胁着绝大多数美国人，甚至包括一些垄断资本在内；为了推动重大的政治变化，建立广泛的联盟既是可能的，也是必要的。没有这种变化，人民运动就将继续处于守势；没有这种变化，极右翼就会逐步瓦解这些竞争力量，并且继续在这个国家拥有特权、主导议程，就会继续为了统治世界的幻想而采取更激进的军事行动。不首先击败极右翼的垄断势力，工人阶级及其盟友就无法继续采取积极行动，削弱整个垄断阶级的权力。由于极右翼是所有斗争的焦点所在，不属于极右翼的一些跨国企业也可能成为政治斗争或工人签约或罢工斗争的对象。在当前的斗争阶段，除了把最反动的那些跨国企业作为主要对象，建立反极右翼的联盟，美国共产党还寻求广泛传播反极右翼的共识和社会主义的觉悟，以及开展特定的反垄断斗争。

四　对未来反垄断阶段的设想

美国共产党认为，美国资本主义当前处于垄断资本主义的帝国主义发展阶段，并且是跨国垄断阶段。等到如今权柄在握、反动透顶的极右翼跨国企业遭遇惨败，就应当而且可以把跨国企业整体作为斗争对象，这也就标志着进入了反垄断斗争阶段。在反垄断联盟时期，人民民主力量将把所有的跨国企业视为斗争对象，而不仅仅是那些最反动的跨国企业。当前，与工人阶级及其盟友无关的各种各样的政治和选举组织，都主要支持那些民主党竞选人。不管劳工和人民运动采取了多少种新政治形式，获得了多少新经验，一个企图摆脱垄断控制的政党面临的主要障碍仍然是成功组建第三党所面临的那些困难：对民主的限制，比如竞选人必须得到数量巨大的签名支持，巨额广告费，等等，为了所有人最广泛地参与民主，这些限制都理应被取消。

美国共产党相信在美国有可能实现资本主义向社会主义的和平过渡。这种信心的主要来源之一是劳动人民的反垄断联盟建立在一个比反极右翼联盟更广泛的基础上。这个联盟包括了绝大多数人，这些人从他们的斗争经验中获知资本主义是无法改革的，也无法克服其反人性的基因，而这个大团结的联盟将会为人民带来胜利。资本主义总是不断地威胁着地球上的生命，同时侵害着人类的最高理想和需求。资本主义总是建立在经济剥削之上。因此，即使不包括垄断资本家，社会主义的、劳动人民联盟的队伍在广度和深度上也超过了以往所有劳动阶级及其盟友的政治联盟，因为它几乎囊括了所有的阶级、社会力量和社会运动成分。美国共产党寻求根本改变经济、决策方式、歧视制度、剥削、压迫等。用工人阶级领导的、属于劳动人民的力量取代社会统治阶级，并且认为这些目标只有通过得到绝大多数人民拥护的革命运动才能实现。

美国共产党把革命看作一个根本民主化的过程，这个过程需要绝大多数人的行动和决定。美国共产党拒绝任何诉诸暴力行动的方法。美国共产党承诺要为和平实现社会主义而团结起来，并为之奋斗。美国共产党认为统治阶级为了维护其权力，可能会采取暴力手段，反对进步的和激进的运动。除非资本家认识到，纵然使用暴力手段，仍然无力阻止社会转型，否则资本家不会自愿放弃他们手中的权力和既有的统治。工人阶级的力量来自于千百万的工人团结行动，来自他们消灭剥削和压迫的承诺。与此同时，美国共产党认为，不管在长期还是在短期，缺少民主都无法实现社会制度的根本转变，无法优先解决人民的需求。

美国共产党承认，夺取权力和建设社会主义的斗争并不容易。垄断者以其拥有的强大资源，负隅顽抗，拼命维护他们的财富和权力。因此，美国共产党指出，一个组织要想发挥领导作用，并提出符合客观环境的战略和战术，就必须在马列主义指导下，对现实的社会物质条件进行分析。这需要在长期共同奋斗和相互尊重的基础上和广大人民群众进行沟通。这还需要共产党挺身而出，指导行动的方向。必须认识到，共产党在为社会主义而斗争中的领导地位不可能是自封的，相反，必须要通过与千百万工人群众并肩斗争，让他们亲身经历了共产党把理论运用于实际斗争的成功经验，共产党才能赢得这样的领导地位。即便共产党获得了这样的领导地位，在此后斗争的每一个阶段仍然只有不断努力，才能重新赢得这个地位。

五 愿景：实现"权利法案社会主义"

美国共产党的愿景，是实现"权利法案社会主义"（Bill of Rights Socialism）。在美国，由于"权利法案"体现的宪政、民主、自由精神早已深入人心，美国人的民主意识和民主诉求都比较高，但是资本主义制度下的民主存在许多缺陷，政府对人民的民主诉求也频频施加阻挠。因此，美国共产党特别强调其对社会主义的愿景正是美国民主传统的延伸，是基于美国历史上的革命传统在美国建立社会主义，是美国特色社会主义民主的表现形式。

美国共产党认为，在"权利法案社会主义"阶段，创造了所有社会财富的劳动人民将拥有政治权利，将在一个清洁的、没有污染的经济中共同决定投资和国家财富分配的优先顺序：诸如用于教育、健保、居住、营养、娱乐、艺术、文化和科学等。美国共产党强调社会主义不会剥夺工人个人的私有财产，但是会剥夺大工业、大金融机构等大企业的私有权，会取消超级富豪享有的穷奢极欲的生活。① 在美国共产党设计的"权利法案社会主义"里，国家和社会将更加重视人和自然的权利，而不是以追求利润为优先目标。② 所有不同宗教、种族、民族、外来移民和本地公民，都能得到真正平等的对待，一视同仁；民主权利将得到更有效的保障，人民将拥有言论、集会、宗教信仰等自由，政府将不再能以反恐为借口，粗暴干涉私人生活；除了《权利法案》所规定的自

---

① CPUSA：The Road to Socialism USA：Unity for Peace，Democracy，Jobs and Equality（http：//www. cpusa. org/wp – content/uploads/2009/10/CPUSAProgramWEB – 3. pdf）. pp. 66 – 72.

② 美国共产党官方网站首页，在党徽处就有"人民和地球先于利润"（People and Planet Before Profits）这样的字样。

由将得到保障之外，自由还被赋予新的含义，人民将不再遭受失业、贫穷、失学以及受到歧视和压迫。但是，美国共产党也指出，社会主义并非立即创造一个"工人的天堂"。社会主义只是社会经济发展的一个阶段，广大人民可以自主决定他们的命运，一步步建立新的民主制度来运行经济。社会主义为劳动人民提供合作共事的机制，把政治民主扩展到社会生活的方方面面，包括经济在内。

第三章　美国共产党的现状与主要活动

第一节　美国共产党现状

2010 年美国共产党有 17 名全职工作人员，10 名全职志愿者，2000 名骨干党员，属于月收入两千多美元的中低收入者。党员每年需交纳 60 美元党费，但如果是低收入者只需缴纳 25 美元。最基层的党组织是俱乐部，各地俱乐部经常举办野餐聚会，无论党员和非党员都可以参加，大家随意聊天，讨论马克思主义、大选形势以及各类社会问题。同样，美国共产党员也可以参加其他组织的活动，在工会、社区组织、妇女组织中都很活跃，有些甚至担任了领导职务。美国共产党党员在政治上比普通美国人要活跃。美国共产党每年运营经费约 110 万美元，党费只占很小一部分，大部分来源于出租房产所得的收入。20 世纪 70 年代，美国共产党购入了纽约市曼哈顿中心区的一栋八层办公楼，后来留了三层作为办公室，另外五层出租。美国共产党经费的另一个来源是募集捐款。每年他们都会举办筹款活动，近年来甚至吸引了一些议员参加。此外，美国共产党还通过投资美国政府债券获取收益。① 美国共产党的基层组织是俱乐部，设立在社区、工作区等由全国委员

---

① 　陈硕颖：《美国共产党在变化的世界中寻求发展》，《党建》2010 年第 6 期。

会规定的地方。俱乐部用于党员集体讨论、分析当地和全国政治形势，针对当前斗争制订发动党员和盟友的计划，提供教育活动等。俱乐部是基层群众帮助发展地区、讨论全国政策的地方，也是对地区、全国政策加以修正，以适应当地情况并得以落实的地方。俱乐部是地区组织的中心，它为所有争取社会正义和社会主义的人们提供了一个温暖、可靠和公开的场所。俱乐部作为首要中心，负责筹款（包括收取党费），政治教育，组织、讨论和散发党的电子和纸质出版物。俱乐部根据其规模和需要可选举主席等官员。选举在每年的俱乐部会议上举行，任何竞争性岗位都要采取秘密投票的方式产生。在年会上，要介绍来年的工作计划，并总结上一年的工作。每一个党员都应尽可能地参加俱乐部的活动。现在是互联网时代，美国共产党通过互联网与党员保持联系，并尽力帮助他们在当地建立俱乐部。美国共产党的俱乐部遍布全国，但有些地方还没有俱乐部，特别在南方的一些地区，只有党员而没有党组织。

第二层是地区组织，即地区委员会。全国委员会有权决定建立并认可州和地区组织（包括在一州之内或者跨州的组织），在没有建立地区组织的地方，则由全国委员会负责管理当地的俱乐部和党员。

第三层是全国组织，即党的全国代表大会（National Convention）、全国委员会（National Committee）。美国共产党每隔四年召开一次全国代表大会（如遇特殊情况推迟，则需要全国委员会超过四分之三投票同意才行），此前需要经由各地区代表大会以民主程序、秘密投票等方式选出代表。全国代表大会是党的最高权力机构，由它经秘密投票选举产生全国委员会。在选举全国委员会时，除了考虑个人优点外，还要考虑阶级和社会成分，以及地理上的代表性。在全国代表大会闭会期间，全国委员会是美国共产党的最高权力机关，代表全党。全国委员会每年至少开三次会。①

据美国共产党网站消息，2017 年 4 月，美国大约有 5000 人是

---

① CPUSA：Constitution of the Communist Party of the United States of America.（http：//www. cpusa. org/cpusa constitution/）.

美国共产党党员。① 2017 年 10 月 28 日，据美国共产党现任全国主席约翰·巴切特尔（John Bachtell）说，在特朗普就任美国总统以后，美国共产党的人数快速增加，有 973 人加入了美国共产党。他说，特朗普引起人民的警觉，有些人因此左转。美国共产党为此在俄科拉荷马州、肯塔基州、犹他州和内布拉斯加州建立了新的俱乐部，此前这些州长期以来一直都没有俱乐部。巴切特尔还透露美国共产党有三四千名积极分子分散在全国各地的小城市里，因此如何吸纳新党员，并为他们建立俱乐部也是一个大任务。②

2018 年 12 月 18 日，AFL－CIO 美国洛杉矶郡（Los Angeles County）分支工会采取了历史性的步骤，取消了有关禁止共产党员加入该组织的规定。美共杂志《人民世界》对此大加赞赏，并表示美国共产党员中的工人一直都在建立民主和包容的工会，与其他工人一起反对气势汹汹的企业，致力于建设工会，改善工作环境，提高工资和福利，从而提高社区和社会生活的质量。③

第二节 美国共产党目前开展的主要活动

如前所述，美国共产党把美国走向社会主义的过程分为三个阶段，即反极右翼阶段、反垄断阶段和权利法案社会主义阶段。在目前反极右翼的阶段，美国共产党的任务就是建成最广大人民的统一战线，击败极右翼势力。美国共产党号召全党用实际行动加强团结，领导劳工和整个工人阶级运动，和妇女、青年以及种族主义受害者建立紧密的联系，团结其他社会阶级力量、社会运动和政治派别，并尽可能联合起跨国企业中的中间派，以求建设最广大人民的统一

---

① http：//www. peoplesworld. org/article/communist－party－membership－numbers－climbing－in－the－trump－era/.

② http：//www. cpusa. org/article/membership－surge－frames－upcoming－communist－conference/.

③ http：//www. peoplesworld. org/article/l－a－county－federation－of－labor－officially－ends－communist－exclusion/.

战线。与此同时，2007 年，时任美国共产党主席的韦伯提出："共产党必须全面参与劳工及其同盟的争取民主权利的运动，建立起一支可以依靠的强大的人民选举力量。这种人民选举政治是目前美国共产党反右斗争阶段的必要战略，而不只是临时的政治手段。"① 因此，参与选举是美国共产党当前的重要政治活动之一。

目前，美国共产党的工作重心是在工业城市重建与劳工团体的关系，支持工人为争取权利的罢工斗争，对工人进行教育和培训。实际上，从意识形态宣传到实际工作，从党的领导层到基层组织，美国共产党都在进行尝试。一些党员积极投身到地方工会的工作中去。美国共产党的领导人和一些劳工运动的领导人定期会谈，交换看法。过去美国共产党很少以自己的名义参加活动。现在，美国共产党越来越多地以自身的名义投身到各种斗争中。例如，有两位美国共产党党员加入了"美国和平与公正联盟"，在其中倡导并积极参与劳工运动，他们花在劳工运动上的时间比在党内工作上的时间还要多。美国共产党的另一个工作重心是争取妇女平等，因为在美国有 75% 的妇女受到各种歧视。另外，美国共产党还积极参与反对种族主义的斗争，帮助外籍工人以及美国的非裔、亚裔和拉丁裔工人争取权利，维护老年人、青年人的权利，等等。②

在现代选举政治制度中，政治与选票息息相关，那些弱党、小党往往因选票稀缺而面临边缘化的危险。在美国，由于共和党、民主党两党实际上垄断了几乎所有政治资源，其他任何第三党的政治影响力都极其有限，几乎没有独立竞选的空间，美国共产党也不例外。从 1972 年至 1984 年，时任美国共产党总书记的葛斯·霍尔曾四度以"人民高于利润"的口号竞选美国总统，但是由于自身力量弱小，加上参与竞选的经费不足等原因，美国共产党自 1988 年起就放弃了直接参与总统竞选，转而通过支持民主党总统候选人来间接参与美国大选。

---

① 余维海：《近年来选举政治中的美国共产党》，《当代世界社会主义问题》2010 年第 3 期。

② 王学东：《美国共产党的现状与前瞻》，《当代世界社会主义问题》2004 年第 4 期。

由于美国共产党认为美国共和党是右翼政党，包括了极右的种族主义者和反工人阶级的势力，如果共和党在选举中获胜，那么将是对民主的最大威胁，与此同时，美国共产党也的确在民主党的政策主张中看到了进步的因素，他们希望民主党的胜利可以培养民主、团结、进步、和平、关注环境的国内政治气候。"在美国的国情下，通往社会主义道路绕不开和它的对立派结成统一战线。民主党的胜利能给劳工运动和斗争创造更好的环境，劳工能在民主党执政时受益更多，并为进一步推进斗争向前发展做准备。"① 因此美国共产党在选举中一贯坚定地支持民主党。

美国共产党认为，在美国的现实政治结构中，全面或部分地加入选举斗争，帮助民主党击败右翼的共和党不但能够粉碎右翼的阴谋，发展壮大进步的力量，还能在斗争中接触广大的普通人民。因此，这种策略不失为在处于政治边缘位置时的一个选择。当然，美国共产党也清醒地意识到，单纯的政治依附是非常危险的。美国共产党前主席韦伯指出，在目前的斗争阶段，美国共产党依托民主党只是一种战略需要，将来则有可能是一种战术需要。美国共产党处在资本主义社会，这里的资本主义也不是一成不变的，在两党制框架内，共产党也可以逐渐取得政治独立。"只要正确组织和团结起来，工人阶级和人民的运动将取得胜利，将利用他们在政府和国家机器中的位置改变政府政策和制度，使之成为工人阶级及其同盟谋福利的代理人。"② 由此可见，击败右翼势力，不断扩大共产党在美国社会中的影响力，凝聚、团结并壮大进步力量从而为实现社会主义准备条件，以民主斗争推动阶级斗争，是美国共产党参与当前国内政治生活的指导方针。正是在这一方针的指引下，美国共产党在两党制的夹缝中甘愿为民主党作嫁衣。

不过，2007年韦伯在美国共产党全国委员会会议上指出，"在

---

① 余维海：《近年来选举政治中的美国共产党》，《当代世界社会主义问题》2010 年第 3 期。

② Webb S：A Way Out of the Deepening Crisis.（http：//www.cpusa.org/party_ voices/ a - way - out - of - the - deepening - crisis/）.

对待民主党问题上必须牢牢记住，民主党也是资产阶级的政党。虽然它比起共和党来说更倾向于推行持续的、渐进的改革，但是它不鼓励人民获取独立，也不打压资本的逐利行为；它给人民让渡一些权力，但是希望人民保持自制的天性。因此，在大选中，民主党当然也会设法限制草根人民组织的政治影响……一方面，不能同等地攻击两大政党，也不能表现出对任何一个政党执政都无所谓的态度；另一方面，在保证击败右翼的战略前提下，又要毫不犹豫地对民主党及其候选人进行必要的批评，以便使民主党的候选人朝着我们预设的进步方向靠拢。"①

　　美国共产党认为，与政治一样，竞选无非就是结盟。竞选更多的是党派（盟友）和政治之争，而无关个人特质，尽管个人在激发和动员群众中也发挥了重要作用，比如 2008 年和 2012 年奥巴马在竞选中的出色表现。2016 年大选伊始，美国共产党认为"邮件门"不会对希拉里·克林顿产生太大影响，但是美国共产党对桑德斯似乎关注更多，他们认为桑德斯调动了初选和辩论的热情，也影响了竞选话题，他的参选激发了很多幻想破灭的人，还有强烈反对华尔街的人。毕竟，一个自称为民主社会主义者的人参加大选，这本身就是一件大事。这意味着他可能提出更激进的主张，包括全民医保、规制华尔街、反对跨太平洋伙伴关系（Trans - Pacific Partnership，简称 TPP）② 与跨大西洋贸易和投资伙伴关系

---

① 余维海：《近年来选举政治中的美国共产党》，《当代世界社会主义问题》2010 年第 3 期。

② 2002 年，新西兰、智利和新加坡首先在墨西哥 APEC 峰会上就建立自由贸易区举行了谈判，此后文莱于 2005 年 4 月加入谈判并最终签署协议。2005 年 7 月，智利、新西兰、新加坡和文莱四国签订了《跨太平洋战略经济伙伴关系协议》（TPSEP）。由于该协议的初始成员国为四个，故又称为《P4 协议》。2009 年 11 月 14 日，美国总统奥巴马在其亚洲之行中正式宣布美国将参与 TPP 谈判，强调将以此促进美国的就业和经济繁荣，为设定 21 世纪贸易协定标准作出重要贡献，要建立一个高标准、体现创新思想、涵盖多领域和范围的亚太地区一体化合作协定。与此同时，秘鲁、越南和澳大利亚也宣布加入 TPP 谈判，TPP 谈判由此实现了由"P4"向"P8"的转变，并呈现亚太地区参与国家进一步扩大的趋势。2017 年 1 月 23 日，美国总统唐纳德·特朗普在白宫签署行政命令，宣布美国正式退出 TPP。2017 年 11 月 11 日，日本与越南在越南岘港举行新闻发布会，共同宣布除美国外的 11 国就继续推进 TPP 正式达成一致，11 国将签署新的自由贸易协定，新名称为《全面且先进的 TPP》（Comprehensive Progressive Trans - Pacific Partnership，简称 CPTPP）。

（Transatlantic Trade and Investment Partnership，简称 TTIP）①，对富人征税和财富重分配，劳动法改革、提高工资收入，扩大社会保障，和平外交政策，削减军事预算，以及美国式的社会主义。实际上，桑德斯谈的都是希拉里·克林顿不能或不敢发声的，甚至使社会主义也从大选话题的边缘位置成了重点讨论的内容之一。有52%的民主党支持者对此深信不疑。在初选中，希拉里·克林顿和桑德斯彼此友好相待，桑德斯说他不会去攻击希拉里·克林顿，只是提出工人阶级面对的问题。这在初选前后，对于维持民主党的团结都是很重要的。

　　如前所述，美国共产党认为，要挫败共和党与极右翼，就必须建立广泛的跨阶级、跨种族的所有主要社会力量的联盟，舍此别无他途。这里当然要包括中立的或温和的共和党人，这意味着要深入共和党占优势的地区。如果民主党获胜，那么在反击由资本家策动的极右翼和新自由主义进攻时，由劳工领导的这个联盟将处于有利位置。美国共产党不赞成劳工、民主运动、左翼和共产党人被动地支持民主党提名的候选人。美国共产党主张的战略是把广大的人民运动和左翼看作动态变化的东西，不断制造话题、发起行动并影响竞选。

　　美国共产党认为，党在选举中的根本作用是帮助澄清关键问题，并帮助建立广泛的联盟，加强这个联盟的广度、深度和团结，提高人们的政治觉悟，使他们放宽眼界，动员人民去投票，帮助开展讨论，寻找解决方案。为此，美国共产党号召各级党员都要积极行动起来，以实际行动，在日常生活中与各种错误观念作斗争。美国共产党认为提出问题的正确方法应该是像 AFL - CIO 那样为竞选人设定一个衡量标尺，即所谓的"提高工资"清单，其中

---

　　① 2013 年 2 月 12 日，美国总统奥巴马在国情咨文中高调宣布美国将启动与欧盟的 TTIP 谈判，准备建立一个跨越大西洋的"高标准"的自由贸易区。2013 年 6 月 17—18 日，在八国集团北爱尔兰峰会上，美国和欧盟共同宣布，双方将正式展开谈判。议题涉及服务贸易、政府采购、原产地规则、技术性贸易壁垒、农业、海关和贸易便利化等。

包括病假补贴、全时工作、加班补贴等。美国共产党认为把所有抗议活动与2016年大选联系起来是至关重要的，比如争取最低工资15美元，抗议警察暴力，气候危机游行，妇女权利，学生贷款减免，等等。行动是决定斗争目的的关键。如今的政治气氛大不相同，就是因为有这些运动存在。现在紧缩政策不得人心，大多数人支持提高最低工资、对富人征税，应对气候变化，改革移民政策，等等。如果选举围绕着收入不均、气候危机等工人家庭面临的问题，极右翼就会落入防御地位。人民运动的规模越大，行动越团结，这次斗争就对人民越有利。

美国共产党认为，由于所有参选人都不得不适应公众观点的变化，所以希拉里·克林顿也是会变化的。现在的美国和人民运动与20世纪90年代不同了，希拉里·克林顿也改变了。她自身当然存在很多问题和局限。但是相比其他民主党参选人，她具有很多优势。她与主要社会力量相处的最好，比如与劳工、非洲裔、拉丁裔组织，妇女团体等。她还有数十年与极右翼交手的丰富经验，并且从中获益良多。希拉里·克林顿筹集了10亿美元也有助于她获胜。她在收入不均、大规模监禁、改革死刑、为不合法劳工获得公民资格、支持奥巴马的温室气体减排政策等问题上居于有利地位。希拉里·克林顿还懂得团结民主党内不同派别的人。尽管她刻意与奥巴马保持一定距离，但还是支持奥巴马的绝大部分政策。尽管桑德斯在绝大多数议题上持有最好的主张，但是他对警察暴力的反应迟缓了一些。当然，劳工和民主运动不喜欢希拉里·克林顿的有些立场，并提出了反驳。这也情有可原，为了获胜，她必须讨好华尔街，以便获得现成的顾问、资金，等等。但是，她也需要劳工联盟的支持。这就是跨阶级联盟的性质。

当民主党候选人在新自由政策、TPP、攻击性外交、教育私有化等问题上存在不同意见时，美国共产党认为：第一，单独一个问题既不能赢得劳工支持，也不会失去劳工支持。关键是通过构建运动改变争论和大众观点，让反对劳工和人民运动的立场难以为继。美国共产党要表达独特性，要积极参与改变公众的观点。与以往一样，劳工与核心力量——进步人士、左翼，包括美国共产党在内，在初选的各种竞选活动中非常活跃。美国共产党的作用是在初选中促进各种力量的团结一致，击败极右翼。因此，要继续推动各种议题，组织运动，影响竞选和辩论、讨论。在这方面有很多想法可以提出，比如扩大社会保障，提高福利待遇，取消财产税的封顶线，大幅削减军费，实现永续发展，等等。

第二，组织广泛的跨种族团结，动员、教育和吸引数百万选民参与投票，包括新兴的社会运动，像"黑人的命也是命"，免除学生贷款等，在这些方面人民运动也能发挥重要的作用。既然有必要扩大人民运动的范围，就要在共和党占优势的州树立影响力，吸引人民参与。这意味着要走进种族主义和右翼势力盘踞的白人社区开展活动。这样的战略将会形成对人民有利的选举形势，有助于人民运动更加强大、更加团结，政治觉悟更高。反极右翼联盟是一个不断变化的团结体，也是充满竞争的。在建设反极右翼联盟的同时，阶级斗争也仍然在发展。这会加强民主党内外与华尔街有关的、支持劳工的进步力量，并向前推动工人阶级政治独立的进程。①

然而，正如美国共产党前主席韦伯所言，依附于民主党并非共产党的最终目标，因为民主党毕竟不是社会主义的政党，也非劳工的政党。美国共产党在选举中主张的就业、救助、医疗、教育培训、环保等目标，不能完全寄希望于民主党。这里有两个原因，一方面，如果民主党能够实现这些目标，则美国共产党就失去了存在的必要性；另一方面，如果民主党无法实现这些目标，那么共产党在选举中为民主党摇旗呐喊的行为，也必然导致人民失去对美国共产党的信任。因而，美国共产党要想成为群众的真正领导者和代表者，不能不突破两党制的束缚，舍此难以有所作为。

---

① Bachtell J., Tactics And the 2016 Elections. (http：//www. cpusa. org/article/tactics － and － the － 2016 － elections/).

显然，美国共产党还有相当长的路要走。这一点，从美国民主党提名的候选人希拉里·克林顿在 2016 年 11 月的大选中最终败选也能略窥一斑。

美国共产党党员也参加各级公职竞选，既作为共产党员，也作为独立参选人，有时代表进步力量，有时竞选与党派无关的职位。但是，美国共产党在很多地方没有竞选人。这里有几个原因：美国共产党的规模太小，人数太少，而竞选需要大量资金和资源，做广告也花费不菲，此外在很多地方也有很多针对第三党参选的限制。不过，在基层的一些政府机构，美国共产党通过竞选也取得了一些职务。比如说，有的党员当选为学校委员会的委员等职务，参与了学校的管理。[①]

社会主义运动是广大工人阶级积极参与的群众运动，离开了工人阶级的参与，社会主义运动就失去了根基。美国共产党作为美国工人阶级的先锋队，从建党之初就开始在工人中进行了旨在宣传社会主义、提高工人阶级觉悟的多种活动。但第二次世界大战结束后，由于政策失误，美国共产党一直游离于美国工人运动之外。此后美国共产党虽然作了多次政策调整，但很难恢复到第二次世界大战时期那种同工会组织紧密联系的程度。另外"美国马克思主义的知识分子大多埋头纯理论研究，同劳工运动之间缺乏联系"[②]，一些工人阶级的政治活动家只渴望在马克思主义中寻求斗争的理论依据，却拒绝传统工人组织的纪律性和组织性，这对社会主义运动的指导和组织工作极为不利。因此，寻求切实可行的方法，积极参与和组织工人运动，并把马列主义同工人运动相结合，对于美国共产党来说，不仅很有必要，而且意义重大。[③]

美国共产党现在认为，如果不能与工人联合起来，就不能学习

---

①　王中保：《美共负责人谈美国共产党和社会主义运动发展态势》，《红旗文稿》2007年第 3 期。

②　张友伦、陆境生：《美国工人运动史》，天津人民出版社 1993 年版。

③　刘保国、任志祥：《美国共产党对社会主义实现条件的新认识》，《长沙理工大学学报》（社会科学版）2008 年第 4 期。

或领导工人，就不能准确地知道和反映人民的生活现状和情绪，就无法作出合理的政治评价和政治决定，就不能在多种族、多民族的工人阶级中成立政党。但是，工人阶级和阶级团结的概念必须适应变化了的情况。工人阶级不仅包括生产工人，也包括高技术工人，甚至工程师也是美国工人阶级中正在成长的一部分，他们在日益信息化和知识化的美国经济中占有重要的地位。因此，不能抱有把这些工人视为经济和阶级斗争边缘的错误思想。①

由于工人阶级成分复杂，加强工人阶级内部的团结就至关重要。美国共产党强调美国工人阶级团结要做到以下几点：第一，鉴于劳工中工会成员人数的下降，党努力把失业的工人组织到工会运动中；第二，把不同种族和民族的工人组织在一起，增强工人阶级的整体实力；第三，注重不同联盟之间、失业工人和就业工人之间、制造业和服务业工人之间的团结，把那些未组织的劳工动员起来，为赢得战斗奠定坚实的基础；第四，与其他国家工人阶级联合起来，应对跨国公司带来的挑战。美国共产党认为，在全球化的背景下，工人阶级的国际团结和斗争协作对于实现社会主义目标意义重大。为此，必须加强各国共产党、工会及工人阶级组织的联系。②

在当前情况下，仅仅依靠工人阶级的力量挑战资本主义制度是难以取得成效的。美国共产党认为，工人阶级不能在斗争中孤军奋战，要深入到社区、工会、民权、妇女、学生组织和其他组织中团结一切可以团结的力量；在与其他阶级和社会力量团结的过程中，工人阶级一定要争取领导权；工人阶级应在相互信任的基础上，为其盟友伸张正义。也就是说美国共产党认识到只有团结更多的朋友，才能打破孤立，在政治舞台上发挥重大作用。为了适

① 靳辉明：《美国共产党及其社会主义观——访美报告之二》，《真理的追求》2000 年第 8 期。
② 刘保国、任志祥：《美国共产党对社会主义实现条件的新认识》，《长沙理工大学学报》（社会科学版）2008 年第 4 期。

应当前新的政治形势，美国共产党认为必须调整思维方式和行动方式，深入到群众中去，加强党同反种族压迫运动、妇女运动、环境运动、移民运动、青年运动、争取政治独立运动、争取同性恋者权利运动、老年运动等的联系。工人阶级领导的广大联盟是实现社会主义的政治先决条件。离开广大联盟的力量，社会主义运动就没有希望。从这一观点出发，韦伯指出，建立最终为社会主义战斗的广大联盟是党需要开展的工作，而且是经常性的工作。在共同反对资本主义的斗争中，每一位参加联盟的人不仅获得政治上的见解，相互信任和团结，还可能获得对社会主义必要性的认识。韦伯告诫全党应该清醒地看到党作为勇敢、先进的工人阶级的一部分，在行动上和其他左翼联系在一起的必然性。党应该和广大的左翼建立联系，应该同人民支持的左翼运动、左翼组织和党派相互竞争合作。在一些问题的看法上，尽管共产党和他们的同盟军还不一致，但是这不应该妨碍共产党和他们在最大程度上进行对话和共同行动。① 比如，加州的奥克兰是一个工人集中的城市，这里多次发生过警察殴打非洲裔美国人的事件，当地俱乐部成员中有几位年轻的非洲裔美国人，其中有个成员和他的两个兄弟也遭到殴打。于是，俱乐部里的美国共产党员便组织本社区及周围地区的党员和工会会员，到市议会去抗议。这些控诉震动了市议会，最终警察局长不得不出面承诺要改变做法。后来，奥克兰的情况确实有好转。还有一次，奥克兰市长想把重建公园的资金挪作他用，美国共产党员便组织发动了游说活动，迫使他不得不改变想法。再有，在大学中的美国共产党员曾组织学生，抗议州长取消给低收入家庭学生的津贴。②

美国左翼各派之间一直存在分歧。其主要分歧点在于：对现存制度是满足于局部改良，还是进行彻底改变；是在广泛的范围内

---

① 刘保国、任志祥：《美国共产党对社会主义实现条件的新认识》，《长沙理工大学学报》（社会科学版）2008 年第 4 期。

② 王学东：《美国共产党的现状与前瞻》，《当代世界社会主义问题》2004 年第 4 期。

开展斗争，还是在狭隘的圈子里进行斗争。① 尽管美国共产党本身不够强大，却有着远大的抱负。美国共产党主张，左翼各派应当忘记过去的恩怨，消除分歧，实现团结，在广泛的范围内开展斗争，打败极右翼。在美国国内还有许多不同背景的社会主义者，他们不赞成共产主义，但是这些社会主义者采取开放的理念来寻求社会的变革，其中有些是左翼的社会主义者，有些是左翼工会的积极活动家，美国共产党也与他们建立了联系。②

美国共产党还对自身过去的阶级和阶级斗争概念进行了新的思考，认为阶级不是一个僵死的概念，而是一个开放的富有弹性的概念，进而认为社会民主主义者不是党的敌人，而是党的同盟军。韦伯认为社会民主主义者能够看到资本主义社会剥削在加剧，但是不能挖掘剥削的制度性根源，而只着重于谴责目光短浅的资本主义。他们虽然承认资本和劳工之间的对立关系，但认为这一矛盾可以在资本主义的框架内解决。总体来说，他们认为阶级斗争是暂时和偶然的，而不是长期的资本主义社会的本质特征。韦伯认为，共产主义者和社会民主主义者在劳工运动中虽然存在意识形态上的分歧，但是这不应该妨碍他们在共同关心的问题上采取一致行动。今天的社会民主主义者和受其影响的工联主义者同冷战时期的社会民主主义者大不相同。当时的社会民主主义者是右翼分子，激烈地反对共产主义。韦伯批评了美国共产党内存在的倾向，把不同的社会民主主义者归于反动的铁板一块的错误思想，认为这一态度混淆了为了大多数人的社会民主斗争和反对极右翼的民主斗争之间的差别。③

此外，在美国当前的社会生活中，存在一些除了与普通工人遭受同样剥削外，还要遭受特殊压迫的群体。美国共产党认为这些

---

① 王学东：《美国共产党的现状与前瞻》，《当代世界社会主义问题》2004 年第 4 期。

② 王中保：《美共负责人谈美国共产党和社会主义运动发展态势》，《红旗文稿》2007 年第 3 期。

③ 刘保国、任志祥：《美国共产党对社会主义实现条件的新认识》，《长沙理工大学学报》（社会科学版）2008 年第 4 期。

人与工人阶级的整体利益是一致的，也是进步的社会力量，是工人阶级最重要的潜在盟友，在建立工人阶级和所有受压迫群体的联盟中起着关键的作用，争取同他们的团结是实现社会主义的一个重要条件。针对这一社会现实，美国共产党提出了以下应对措施：揭露种族主义的罪恶，反对种族主义；揭露性别歧视主义的罪恶，捍卫女权；揭露资本主义的年龄歧视，支持青年和学生运动；捍卫同性恋者的权益。①

---

① 刘保国、任志祥：《美国共产党对社会主义实现条件的新认识》，《长沙理工大学学报》（社会科学版）2008 年第 4 期。

第四章　苏东剧变后其他主要
左翼政党对美国社会
主义的探索

第一节　美国民主社会主义者

美国民主社会主义者（DSA）成立之初即加入社会党国际，但是 2017 年 8 月在芝加哥举行的全国代表大会上，美国民主社会主义者认为社会党国际采取了所谓的新自由主义经济政策，而这些政策却在攻击福利国家以及工人和工会的权利。该党认为，与社会党国际的从属关系阻碍了他们与具有同样价值观的政党和社会运动加强联系，而这些组织往往强烈反对自己国家的社会党国际成员党。经过投票，美国民主社会主义者决定脱离社会党国际。①这次行动显示出该党急速增加的新党员的政治倾向。至此，美国在社会党国际中没有自己的代表党。② 此外，有些党员还提出要在社会党国际之外与新的左翼党和运动加强联系，比如西班牙的社会暨民主力量党（Podemos）、巴西的社会主义自由党（PSOL）以及英国的动力运动（Momentum）。

自 1982 年美国民主社会主义者成立以后，大多数时间党员只

---

① http：//www. leftvoice. org/DSA – Votes – for – BDS – Reparations – and – Out – of – the –
Socialist – International.

② http：//socialistinternational. org/viewArticle. cfm？ ArticlePageID = 931.

有 6000 名左右。1983 年党员人数达到 8000 人后，一直到 20 世纪
90 年代该数字都未被突破。① 2002 年据报道有 8000 名党员。②
2012 年党员人数为 6500 人。2016 年大选日前达到 8500 人。2016
年特朗普赢得总统大选次日，就有一千多人加入该党，此前最好
的纪录是 12 个月里吸收了 1200 人入党。此后，从 2016 年 11 月 9
日至 2017 年 7 月 1 日，超过 13000 人加入该党，绝大部分是 18—
35 岁的年轻人。美国民主社会主义者在 2017 年 7 月 19 日宣称其
有 24000 名党员，从而成为继 1956 年破裂之前的美国共产党之后，
美国历史上最大的社会主义组织。③ 2018 年 10 月 15 日该组织官网
发布消息称，其党员人数增加到 52000 名。④

一　主张激进民主的民主社会主义

美国民主社会主义者的理念深受迈克尔·哈林顿（Michael
Harrington）的影响，主张反对资本主义制度，要把美国民主党从
杂乱无章的政党改造成有章可循的左翼党。

美国民主社会主义者认为民主社会主义是一种激进民主，是为
了让所有人能够最大限度地自由决定他们生活的方方面面。在资
本主义制度下，人们习惯了一小撮不负责任的企业高管为一个上
千人的企业作出所有基本决策。这一小撮人有权支配人们除了睡
觉以外的大部分时间，有权决定解雇谁。在民主社会主义制度下，
这种独裁制度会被经济民主取代。简单来说，这意味着民主会超
越选举政治官员的范围，对包括所有企业由其工人和所在社区实
行民主管理。超大型的、在战略上很重要的经济领域——比如住
房、公用设施、重工业——将接受市场之外的民主计划管理。由工
人拥有并运营的企业所组成的市场领域则负责消费品的生产和分

---

① https：//www. dsausa. org/about – us/history/.

② https：//www. foxnews. com/story/group – accuses – socialists – of – voter – fraud.

③ https：//www. dsausa. org/about – us/history/.

④ https：//www. dsausa. org/news/october – dispatch – elections – matter – and – are – not –
enough/.

配。在这个社会里，对新技术和企业的大规模投资将根据公众的利益最大化来实施，而不是根据股东的价值最大化去进行。至关重要的是，为保证环境可持续和地球万物的未来生存，对可再生能源和高效技术的投资将处于优先地位。

民主社会主义社会将保障广泛的社会权利，以实现所有公民的平等。重要的服务，比如健保、育儿、教育、住房、交通将按照需求免费提供。另外，为了确保所有公民的幸福不会随着劳动市场的起伏而波动，每个人都会获得相同的基本收入——即每个社会成员的基本工资，这种收入与他是否就业无关。最后，人们的工作时间将会逐渐减少，休假时间将会增加，以确保每个社会成员从不断进步的、减少劳动总量的技术中获益。

经济民主在政治领域也有补充，即一个新的融合了目前的代议制民主和直接民主的制度，一个人人参与影响他们自身的政治决策的制度。这个制度将会取消参议员，按照比例选举制产生的国会将真正反映选民的政治意愿。民主社会主义的政府将采取新的公投和召回机制，促使民选官员在位期间尽职尽责；一个普遍的地区参与机制将保证个人能够在投票箱之外，直接在政治决策上发声。这些机构包括为各种政府服务设立的公民委员会，为接受政府服务者设立的程序理事会（在全国、州和地方各级），城市和州级的公民大会将对所有人开放，并负责预算审核。最后，如今经常遭到侵犯的、个人的公民权利和政治权利（言论、集会自由，投票权利等）将得到加强，公共资源将会用于发展真正自由的出版和民主管理的大众媒体。

除了经济民主之外，种族、性别等等压迫也是需要解决的问题。民主社会主义作为激进民主，不仅仅解放一个经济阶层。民主社会主义要解决法律、文化、社会压迫等限制人们自觉能力的问题。和任何一种社会形式一样，民主社会主义不能形成完全和谐的社会。这个社会必须在不同集团的相互竞争的目标之间作出选择，民主政治机构总是需要裁决和干预这类冲突。民主社会主义不是很多过去的社会主义者想象的乌托邦。和平取代了战争，合作取代了竞争，平等取代了剥削，永续取代了污染，自由取代了统治。生活还会有悲有喜，还会有失败和失望，但是在民主社会主义里再也没有不受控制的机构给人们带来的痛苦。

1. 关心社会民主和福利

美国民主社会主义者如今很少发表宏大的论点，反倒常常就公共政策发表评论。在一份宣传单中，美国民主社会主义者声称，尽管还没有任何一个国家完全建立了民主社会主义制度，不过还是可以从瑞典的福利国家制度、加拿大的国民健保体系、法国的国家儿童保育计划、尼加拉瓜的扫盲计划等实践中吸取经验。此外，斯堪的纳维亚半岛和西欧各国的社会民主党取得的"欣欣向荣和经济平等"的成就也值得称赞。①

2. 对欧洲社会民主党经验的理解

很多北欧国家由于采取了社会民主党的政策，才得以欣欣向荣，在经济上也相对平等。这些国家用其财富保证了其公民的高标准生活：高工资、健保、教育补贴。最重要的是，社会民主党支持强大的劳工运动在经济决策中发挥中心作用。但是，随着资本主义全球化发展，老牌的社会民主党模式难以为继。劳动市场上，这些国家面临来自发展中国家的低工资劳工激烈竞争，对企业因避税和强大的劳工管制而搬迁的担忧，这些都削弱（如果谈不上消弭的话）了这些国家开展更深层次经济改革的雄心。社会民主改革现在必须在国际合作的基础上才能展开。跨国企业必须接受民主的控制，工人组织必须努力跨越国界的限制。现在的社会主义比以往更需要国际运动。比如，芬兰或者加州工人享有的福利，现在极大地受到意大利或者印度尼西亚工人生活标准的影响。因此，社会民主党人争取限制跨国企业和银行的权利，争取建立一个不受银行家和资本家控制的世界新秩序。

---

① http://www.dsausa.org/what_is_democratic_socialism.

3. 与民主党存在紧密关系

由于美国选举的过程和结构不利于第三党，比如赢者通吃而非按得票比例当选的选举制度，各州都设定了不同的所谓合格政党条件，总统制而非议会制，民主与共和两党对政治权力的实际垄断，这些都让第三党处于劣势地位，生存艰难。美国民主社会主义者希望将来有一天会出现一个全国性的第三政党。民主社会主义者不是一个独立的党。和其在女权、劳工、民权、宗教、社区组织等运动中的盟友一样，很多民主社会主义者加入了民主党，这进一步加强了民主党内以国会进步党团为代表的左翼力量。目前民主社会主义者通常支持能够真正有机会赢得选举的进步人士，一般也都是左翼的民主党人。

4. 对社会主义政府角色的理解

民主社会主义者并不想创造一个全能的政府官僚制度，也不想让大企业的官僚们控制社会。他们认为社会和经济决策应当由受影响最深的人们来制订。如今，企业的管理层只关心他们自己和少数几个富豪股东的利益，而他们作出的决策却影响了千百万人。资本家耗费资源只是为了赚钱，而不是为了满足人们的需求。民主社会主义者认为受经济制度影响的工人和消费者才应当拥有和控制这些经济制度。社会所有权可以采取不同形式，比如工人和消费者代表管理的工人合作社或者公有企业。民主社会主义者赞成尽可能的分权。尽管能源和钢铁工业等集中了大量资本的产业需要某种形式的国家所有权，但是很多消费品工业最好以合作社的形式来运作。民主社会党人从来不相信由中央计划整体指挥的经济。他们相信民主计划能够制订主要的社会投资，比如大规模的交通、住房和能源，而市场机制则是决定消费品需求所必须的机制。①

二　行动战略

根据对当前政治和经济环境的分析，美国民主社会主义者认为

---

① http: //www. dsausa. org/what_ is_ democratic_ socialism.

其行动战略包括在短期与众多组织合作斗争，在中期利用从这些斗争中的收获推动更积极的、结构性的变化，最终则是通过一个有力的社会主义政党或左翼与进步政党的联盟取得政治权力，开始社会主义的转变进程。

1. 建立不同种族的跨界联盟

美国民主社会主义者认为，唯一能够有效反抗资本主义的民主社会主义战略是把各种运动联合起来，比如反种族歧视、女权、同性恋、劳工、反对歧视残障人士、反对歧视老年人等运动。这些运动的成功相互依赖，需要互相呼应。资本主义者总是利用白人种族主义、不同种族和性别之间的对抗在工人阶级中制造分裂。工人阶级为了填补裂痕，建立更深的团结，像美国民主社会主义者这样的由很多白人、男性、说英语、受过大学教育的人组成的社会主义组织，应当在有关种族、性别、阶级等相互交错的斗争中把种族平等置于优先地位。同时，必须戒骄戒躁，要从那些劳苦大众自发组建并领导的组织中产生领导人。在每一个美国民主社会主义者的分部里，具体的结盟工作都因地制宜，应该包括比如争取全民健保、优质公共教育，以及反对大规模监禁、警察酷刑、歧视不合法劳工等。在绝大多数情况下美国民主社会主义者的分部会选择几个重要的活动并全力以赴，而选择的依据则视其对不同社区的重要程度，以及参加者对民主社会主义政治的欢迎程度。

2. 组织劳工运动

资本主义基本的社会关系是工人和资本家（即雇员和雇主），资本家对工人的剥削是资本主义利润的基本来源。这种关系赋予工人无穷的潜在力量，工人的自发组织成为反对资本主义的重要武器。组织劳工让美国民主社会主义者的成员有机会不仅复兴劳工运动，而且可以建设美国民主社会主义者自身。美国的历史表明，社会主义最好的新成员是熟练的、激进的工人，最好的工厂组织者是社会主义者。为此，美国民主社会主义者把工会运动和新型的工人自组织放在优先和中心地位。因为美国的工人组织正处于历史低点，这项工作在今天尤其重要。未来数年，美国民主社会主义者在劳工运动里的重点工作就是个人作为工会主义者行动。美国民主社会主义者不会指示其成员去特定行业求职，不过，鼓励和支持其成员成为雇员、店员、地区工会的官员，鼓励在有很多美国民主社会主义者成员的行业里展开对话合作，比如健保、社会服务和教育。民主社会主义者认为，尽管工会需要优秀的职员和领薪的组织者，但是劳工运动的复兴首先依赖普通工人自身的顽强斗志。

3. 组织社区行动

尽管在工厂里的组织是重要的，但是较小的工厂、不稳定的就业、新自由主义反社会的倾向等使得组织社区成为组织劳工的重要补充。大多数美国民主社会主义者分部是在都市区的基础上组建的。美国民主社会主义者的成员也可以在邻里的基础上开展组织活动。他们会通过和邻居交流，掌握社区面临的最重要的问题，比如租户的权利、警察的酷刑、糟糕的公共服务，并以此在战略上开展组织活动。组织社区也是与社区建立坚强的、持续的联系的有效方式，而这常常是美国民主社会主义者分部的缺陷。此项工作可以帮助把不同背景的人们相互联系起来，从而形成更广阔的视角，形成更好地代表这个国家工人的组织。

4. 组织高校师生

每年州议会都会削减高等院校的经费，这导致学费猛涨，班级规模猛增。大学的管理者在后勤上用私人企业受剥削的工人取代了州雇员。同时，他们用新毕业的学生、低工资没福利的教授取代了全职的、终身的或者可终身的职员去讲课。学生在毕业后背负大量贷款，他们取得的学位也越来越难以保证找到一份合适的工作。高等教育危机可能会导致美国曾经是上得起的、民主的高等教育制度瓦解，但也可能让学生、职员、教师和社区通过积极行动恢复这个制度。对于后一种可能性，美国民主社会主义者确信自身可以在其中发挥重要作用。美国民主社会主义者认为免费高等教育是转型变革的一个重要示范，有助于宣传社会主义的理念，并在未来推动更深远、更彻底的变革。免费的高等教育意味着把一种共同的公共物品拿出市场，并置于民主控制之下，确保其作为公民的一项权利；可以通过真正的累进税制提供资金，当然这会要求富人和企业缴付其公平份额。除了这些福利，还要让人民知道，社会主义政策既是必要的，也是可行的。获得免费的高等教育是让民主社会主义者的政策吸引美国大众的一个重要步骤。

5. 组织选举活动

为了实现社会主义的目标，除了组织基层群众外，还需要大量公职人员来具体落实。尽管选举自身无法实现主要的政治、经济和社会变革，更不用说走向社会主义了，但是在美国如果放弃参与选举，则难以想象从何实现变革的目标。短期内要积极参与选举的重要原因包括：保护现有的公民权利；推动社会、经济正义的新要求，以此改变公众对话，并开启更为基本的结构变革之路；吸收新成员，壮大组织力量；开展选举之外的活动。选举活动的具体内容会根据当地的政治条件进行调整，一般应当包括在民主党内初选中支持进步的社会主义者竞选公职，还包括支持那些参加总统大选的民主党人，以及独立社会主义者、第三党等。在中期和长期，则是加强组织建设，推选本党的竞选人，在民主党内外形成更广泛的社会主义者竞选联盟，最终组成支持社会、政治和经济变革的强大竞选联盟。

6. 组织环保活动

积极参与环境正义运动，反对全球资本主义给最脆弱的人群、文化和生态系统带来的巨大伤害。这让美国民主社会主义者与原住民共同抵抗对他们的化石燃料、森林资源的掠夺，抵抗对空气和水源的破坏性污染。美国民主社会主义者在全世界反对北方各国忽视南方各国的黑色人种和褐色人种，而恰恰是发达世界排放的碳化物造成的风暴、洪水和饥荒等严重损害了这些人的利益。

美国民主社会主义者的各级组织围绕气候正义，常常采取的行动包括要求各类机构减少对化石燃料的投资、针对危害环境的国内政策和国际协定举行抗议等表达异议的活动。作为公开的社会主义者组织，美国民主社会主义者的成员可以在反对资本主义的"红色"运动旗帜下，围绕得到普遍支持的"绿色"事宜组织起来。参加气候正义运动也让美国民主社会主义者得以强调其国际政策，因为这个运动既是范围更大的反对企业操纵社会经济生活斗争的一部分，也有助于建立提高全球劳工、人权和环境标准的国内外秩序。

7. 组织国际团结

在全球经济中，社会主义者的国际团结不仅仅是一种道德义务，而且具有现实必要性。美国民主社会主义者坚定地支持世界各地要求提高全球劳工、环境、人权标准，反对"恶性竞争"的斗争。这种团结常常会反对美国政府的某些对外政策，这些政策支持不民主的国际制度（包括力挺企业的"自由贸易协定"），甚至通过军事干预，扶持那些符合美国政府和经济利益的独裁政权。

8. 建设美国民主社会主义者和社会主义左翼

美国民主社会主义者工作的根本是建设进步的社会运动，不管从中能获得什么，运动本身就是目的。另外，通过联合工厂和社区组织，可以学习宝贵的组织技巧，发现提高工作效率的新方法。不过，为了有效地开展工作，也为了建立基础广泛的、未来能成长为强大的政治力量的独立社会主义组织，必须大力加强美国的社会主义运动规模。从2010年开始，美国民主社会主义者迅速发展，但仍有巨大的成长空间，尤其是以桑德斯政治革命为开端，这个运动让无数年轻人第一次知道了美国民主社会主义者的理念。为了利用这一潜力，美国民主社会主义者的各级组织将会采取各种策略，扩大积极分子和成员的基础。首先，在联盟中要更加强调对资本主义的批评和对民主社会主义的积极愿景。其次，还要通过个人辅导、技能培训和教育规划，把更多的资源用于培养新领导者。最后，开展常规的和强化的组织进展评估，同时大量招募不同背景的新成员。

上述各种斗争的胜利将会产生一个新时代，到那时就可以认真讨论打破资本主义制度，并向民主社会主义过渡的各种改革了，比如银行、汽车等战略产业的国有化，用企业所得税建立并由工人控制的投资基金，这样就可以把企业从资本家手中买下来，并大范围地建立工人拥有并运营的企业。在实现短期目标之前，这些长期目标听起来还很遥远，这里的关键是对短期、中期和长期目标要有清晰的愿景，以及可靠的步骤。如果不知道前进的方向，就可能会失去社会主义者的身份，会因为短期策略而出现战略错误。

为了可以预见的未来，目前的重点是建立充满生机的、独立的民主社会主义运动，帮助培养能够融合各类政治力量的进步联盟。美国民主社会主义者不能丢掉民主社会主义者的观点，这样的观点是争取自由和平等的各种斗争能够协调一致的指南。

三　组织结构

美国民主社会主义者在各地建立组织，并与志趣相投的工会、社区组织、校园活动家一起行动。截至 2017 年美国民主社会主义者共计在 46 个州建立了 86 个地区分部，49 个筹委会，33 个青年组织。①

（1）全国代表大会。美国民主社会主义者的最高决策机构是全国代表大会，每逢奇数年举行。2017 年大会于 8 月 3 日至 6 日在芝加哥大学举行。

（2）全国政治委员会。在全国大会闭会期间，全国政治委员会（National Political Committee，简称 NPC）作为党的最高决策机

---

① http：//www. dsausa. org/chapters.

关，每年至少举行 4 次会议。全国政治委员会的 17 名成员包括 1 名来自美国民主社会主义者青年组织的代表，以及 16 名经全国代表大会选举出的代表。在后者中至少要包括 8 名妇女和 4 名少数族裔人士。全国政治委员会选举产生一个 6 人的指导委员会（Steering Committee），包括其 5 名成员和 1 名来自青年组织的代表，其中，至少要有 2 名妇女和 1 名非白人。全国负责人和青年组织代表是该委员会的当然成员。该委员会每两个月举行一次会议。①

（3）学生组织。青年民主社会主义者（Young Democratic Socialists，简称 YDS）是民主社会主义者的正式学生组织。美国民主社会主义者鼓励青年民主社会主义者的分部和成员开展民主社会主义的政治教育活动，参加社会正义行动（social justice activism），比如参加反战、劳工和学生议题的游行、集会。青年民主社会主义者出版一份简讯——"红信"（The Red Letter）。② 还开办了一个博客——"行动者"（The Activist）。③ 青年民主社会主义者的全国活动围绕支持美国民主社会主义者的竞选和倡议，以及组织各种学生会议。2015 年 8 月在佐治亚州亚特兰大市召开全国代表大会，④ 2016 年 2 月则在纽约市布鲁克林举行。2015 年 2 月 13 日至 15 日，青年民主社会主义者在曼哈顿举行了学生与青年的外联会。⑤

四 选举立场

美国民主社会主义者没有独立参选总统，但是积极参与其他选举，比如联邦国会议员、地区议员的选举活动。

在 2000 年总统大选中，美国民主社会主义者没有公开其官方

---

① DSA：DSA Constitution And Bylaws（as Amended By The 2001 National Convention）. （http：//www. dsausa. org/constitution）.

② http：//www. ydsusa. org/redletter_ spring2015.

③ http：//www. ydsusa. org/the_ activist.

④ http：//www. ydsusa. org/ydsinatl.

⑤ http：//www. ydsusa. org/yds15.

立场，不过有几个美国民主社会主义者的著名党员支持绿党竞选人，有几个则支持社会党竞选人，还有一些人支持民主党竞选人。① 2004 年，在约翰·克里赢得民主党提名后，美国民主社会主义者表示支持他。② 2008 年，美国民主社会主义者支持民主党总统竞选人巴拉克·奥巴马。美国民主社会主义者的资深战略家芭芭拉·埃伦莱希（Barbara Ehrenreich）、比尔·弗莱彻（Bill Fletcher Jr.）、汤姆·海登（Tom Hayden）以及丹尼·格洛弗（Danny Glover）称奥巴马是民主党自 1968 年的罗伯特·肯尼迪以来最进步的总统候选人。③ 在奥巴马当选总统以后，很多右翼人士指责奥巴马政府的政策是社会主义式的，这遭到了美国民主社会主义者和奥巴马政府的否认。由于反对者到处使用"社会主义"一词来反对奥巴马政府，美国民主社会主义者的全国主任因此宣称："在过去的 12 个月里，美国民主社会主义者吸引的媒体关注超过了过去 12 年。"④ 在 2016 年大选中，美国民主社会主义者支持伯尼·桑德斯。他们指出，自称民主社会主义者的桑德斯参选是公众运动和民主权利的伟大胜利，将极大地鼓舞工人阶级。⑤ 美国民主社会主义者还发起了"我们需要伯尼"（WeNeed-Bernie）的运动，动员美国民主社会主义者的支持者投票给桑德斯。⑥

2005 年，美国民主社会主义者全国大会决议支持伯尼·桑德斯独立竞选美国参议员。⑦ 2007 年的全国代表大会参会人数创下纪

---

① Elteren M V: Labor and the American Left: An Analytical History. McFarland, 2011, p. 168.

② http://www.dsausa.org/dl/DLFall2004.pdf.

③ https://www.thenation.com/article/progressives - obama/.

④ http://www.chicagotribune.com/news/opinion/chi - perspec1101socialismnov01, 0, 5511171.story.

⑤ https://www.dsausa.org/a_history_of_democratic_socialists_of_america_1971_2017.

⑥ http://www.dsausa.org/weneedbernie.

⑦ http://www.dsausa.org/dl/Winter_2006.pdf.

录，其中有很多是该组织的青年成员，桑德斯在大会上发表了主旨演讲。① 2017 年共有 15 名美国民主社会主义者成员赢得全美 13 个州的公职竞选，这里面最出名的是当时年仅 30 岁的李·卡特（Lee J. Carter，1987 年 6 月 2 日—　）击败了共和党竞选人，赢得了弗吉尼亚州众议员席位。② 2018 年两名美国民主社会主义者女性成员各自赢得了美国联邦众议员的席位。亚历山大利亚·奥卡西奥－科尔特斯（Alexandria Ocasio－Cortez，1989 年 10 月 13 日—　）在纽约州第 14 国会选区的选举中，先是在 6 月 26 日民主党的初选中击败了现任众议员（这被称之为 2018 年中期选举中的最大颠覆），随后在 11 月 6 日举行的正式普选中又击败了共和党参选人，最终赢得了竞选。她也因此创造了一项纪录：历史上最年轻的国会议员，2019 年第 116 届国会于 2019 年 1 月 3 日召开之时，她也年仅 29 岁。③ 与此同时，拉希达·特莱布（Rashida Tlaib，1976 年 7 月 24 日—　）在密歇根州第 13 国会选区的竞选中，最终击败了其他民主党竞选人当选，并因此成为美国历史上第一名穆斯林妇女国会议员。④

第二节　美国社会党

　　按美国社会党第一任党主席弗兰克·戴德勒（Frank Zeidler）的说法，1975 年美国社会党在全国大约有 500 名党员。⑤ 20 世纪 70 年代后期、20 世纪 80 年代早期至中期社会党人数显著增加，缴

---

　　① http：//www. dsausa. org/dl/Winter＿ 2008. pdf.

　　② https：//www. nytimes. com/2017/11/10/opinion/democrats－ election－ obama－ coalition. html.

　　③ http：//abcnews. go. com/Politics/elise－ stefanik－ youngest－ woman－ elected－ congress/story？ id＝26694806.

　　④ https：//www. rashidaforcongress. com/single－ post/2018/11/07/Rashida－ Tlaib－ Elected－ to－ Represent－ Michigan％ E2％80％99s－ 13th－ District.

　　⑤ https：//news. google. com/newspapers？ id＝p0khAAAAIBAJ&sjid＝u4AFAAAAIBAJ&pg＝2356，359326&dq＝socialist＋ party＋ usa＋ socialist－ party－ usa&hl＝en.

费党员从大约 600 名增加到 1700 名。① 2008 年时据说有 3000 名缴费党员。② 2010 年据说大约有 1000 名党员。③ 2012 年据报道有 1500 名党员。④

社会党全国总部位于纽约市。截至 2017 年 7 月，社会党在全美有 21 个地区分部和 4 个州分部。⑤

一　关于社会主义的愿景

美国社会党宣称反对各种形式的压迫，比如资本主义和专制主义。党的奋斗目标是"建立让人民掌握自己生活的完全民主：这是一个没有种族歧视，没有阶级，尊重女权的社会主义社会，人们在工厂、家庭和社区里合作共事"。人民通过民主控制的公共机关、合作社等集体组织，拥有并掌握生产和运输工具，经济活动的首要目标是提供生活必需品，包括食品、住房、健保、教育、儿童保育、文化交流、社会服务。

美国社会党认为福利国家与社会主义不是等同的，还号召要自下而上开展民主社会革命。社会主义不是仅仅意味着政府所有权、福利国家或者严酷的官僚制度。社会主义中工人和消费者掌握生产，社区居民掌握街区、家庭和学校。社会产品用于所有人的福利，而不是少数人的私利。社会主义者创造不断更新的未来，但不是通过掠夺地球资源。

美国社会党认为，在资本主义制度下，人民无法控制他们的基本生活。资本主义制度强迫工人出卖他们的技能给工厂主，后者则从这些工人的劳动中获取利润，并利用政府维持他们的特权地

---

① http：//www. businessweek. com/bwdaily/dnflash/content/may2009/db20090522_ 329825_ page_ 2. htm.

② http：//www. wmnf. org/news_ stories/5714.

③ https：//www. commondreams. org/news/2010/03/01/socialists - get - newfound - attention - red - baiting - draws - interest - youth.

④ http：//www. theroot. com/views/stewart - alexander - wants - your - vote? page = 0, 2&wpisrc = root_ lightbox.

⑤ https：//www. socialistpartyusa. net/directory.

位，同时进一步把社会财富和产品浪费在军事目的上，掠夺环境和自然资源，在工人中挑拨离间。

美国社会党认为，世界各国人民都要抛弃压迫他们的制度，并以适合所有人的新世界取而代之。要解除控制巨额财富和政府的少数人掌握的权力，就需要实行民主革命。所谓的革命是指经济、政治和人际关系发生彻底的、根本的变化。建设社会主义需要大众的理解和参与，仅靠代表人民的精英是无法实现的。工人阶级在反抗统治阶级的斗争中处于核心地位。工人阶级是世界各地的人们走向社会主义、实现自下而上的真正激进民主的主要领导力量。

1. 主张自由与平等

美国社会党认为，民主社会主义是一种人人自由与平等的政治、经济体系，人与人之间和谐相处，充分发挥他们自己的潜力。美国社会党承诺言论、集会、出版和宗教等全面自由，以及多党体制。美国社会党致力于废除男性特权、阶级社会，消除各种形式的压迫，包括基于种族、出生地、年龄、性取向和残疾状况的压迫。

2. 号召为"利用"而非"利润"去生产

美国社会党认为，在社会主义制度里，人们通过民主控制的公共机关、合作社等集体组织，拥有和控制生产、分配手段。经济活动的首要目标是提供生活必需品，包括食品、住所、健保、教育、育婴、文化交流和社会服务。这些社会服务包括慢性病、精神障碍患者、年老体弱人士的照料。在社区、地区和国家层面上都有计划，并且是由工人、消费者和接受服务的大众通过民主方式制订的。

3. 实现充分就业

美国社会党认为，在福利资本主义条件下，很大程度上按照种族和性别划分的穷人后备军，饱受低教育、低技能和失业折磨，这些实际上是资本家为了对想要组织起来的工人施加的压力。由于靠工人纳税为福利制度提供资金，来养活失业者及其家人，因此，工人阶级就被一分为二，并相互攻讦；就业者和失业者被不满和恐惧割裂开来。在社会主义社会里，充分就业则确保每一个想工作的人都可以就业。

4. 确保工人和社区控制

美国社会党认为，日常民主是社会主义的核心所在。如果决策是由高高在上的官僚或独断专行的经理作出的，那么公有制就会变成骗局。在社会主义社会里，管理合作企业的权力属于工人。社区合作社为社会主义经济发展提供活力和创新。工人有权自由组织工会，举行罢工，对工作发表意见。通过工人加社区控制，可以把工厂、家庭和社区等各方面融为一体，变成老少皆宜的一个整体。不管男孩还是女孩都可以选择他们喜欢的成长方式，不再受到性别和种族的限制。为儿童提供护理、食品和服务，既满足他们的需要，又不至于滥用。

5. 追求环境和谐

美国社会党认为，社会主义社会精心计划生活方式和技术路线，从而成为构成自然环境的和谐成分。这种计划在地区、全国和国际层面都有，包括了能源生产、稀缺资源使用、土地利用规划、防止污染、保护野生动物。清理受污染的环境，消除核装置是社会主义社会的首要任务。该党强烈主张社会主义女权原则，并在其组织内身体力行。党的章程要求在全国联合主席、联合副主席、全国委员会委员以及地区和分支机构选派出席全国大会的代表在人数上实现性别平等。①

二　实现社会主义的道路

尽管有些美国社会党的成员支持渐进走向社会主义，绝大部分成员还是想要通过工人阶级在阶级斗争中获得决定性胜利，进而实现资本主义向社会主义的革命性或迅速转变。从该党的原则中可看到如下叙述："要想取消控制大量财富和政府的少数人所使用

---

① https：//www. socialistpartyusa. net/principles – points – of – agreement.

的权力，就必须采取民主革命。革命意味着经济、政治、人际关系的结构和性质发生完全彻底的变化。"美国社会党认为建设社会主义需要得到大众的理解和参与，仅仅靠所谓代表人民的精英是无法建成社会主义的，工人阶级则是反抗统治阶级及其权力的中坚力量。①

1. 主张社会主义者的女权主义和妇女解放

美国社会党认为，社会主义者的女权主义面临着与性别主义、种族主义和阶级主义相同的根源：生活处境是否有利仅仅是由出身或者环境等偶然因素决定。社会主义者的女权主义是实现社会变革的一种包容性方法，要用团结与合作代替冲突和竞争。美国社会党反对用低廉工资、糟糕的工作条件、社会、政治和家庭中的依附地位等剥削和压迫女性。美国社会党主张不管是男是女，都可以完全自由掌握他们的身体和生育，决定他们的性取向。美国社会党认为，妇女有权选择安全合法的免费堕胎，这与年龄、种族和经济条件等无关。妇女完全解放的关键是拥有独立的组织和干部，在转型到社会主义前后都是如此。妇女会定义她们自己的解放。

2. 解放受压迫者

美国社会党认为，偏见和歧视帮助统治阶级分化、剥削和牺牲美国与第三世界国家的工人。美国社会党要消除各种各样的偏见和歧视。美国社会党认为，在面临攻击时有自卫的权利；支持反抗压迫时采取非暴力的直接行动。美国社会党还大力支持采取有力的、扩大的肯定性行动程序，帮助反对造成歧视和分裂的种族主义、性别主义体制所具有的内在惯性。美国社会党认为有色人种、同性恋等受压迫群体需要独立的反抗组织。仅仅消灭资本主义还不能彻底清除种族主义。

---

① https：//www.socialistpartyusa.net/principles-points-of-agreement.

3. 主张国际团结与和平

美国社会党认为,世界各国人民的共同点比他们各自与其统治者的要多。战争、备战和好战文化牺牲了人民的生命,而且本可用于建设性社会项目的资源也被挪作他用。军国主义把更多的权力集中到少数权势熏天的好战分子手里。美国社会党主张不以国别为界,而是要团结全世界的工人。

4. 主张内部民主

美国社会党认为社会主义和民主密不可分,它的结构和活动对所有成员都是公开的。美国社会党反对教条,支持开展内部争论。美国社会党是一个"多元化"组织,它按照指导原则开展活动,但是其成员则可以具有不同的理念和世界观。党的团结来自于具有不同观点的人们为了实现社会革命而共同奋斗的能力。在党内也要求落实女权主义。

5. 主张文化自由

美国社会党认为,文化是日常生活的一个组成部分,不能被仅仅当成一种商品。美国社会党为参与艺术和文化活动创造机会,为恢复和保存工人、妇女、受压迫的少数族裔的历史和文化而努力。

6. 重视个人权利

美国社会党认为,反抗压迫让人疲于奔命。社会主义者把矫正资本主义中个人生活和人际关系的扭曲视作为政治大事。社会主义必须全力以赴提高生活质量,而要求人们为了社会主义却牺牲自己的生活则与之背道而驰。美国社会党珍惜人们的隐私权,并重视加强文化的多元性。

7. 参与选举行动

美国社会党致力于开展摆脱资本家控制的两党制选举活动。美国社会党认为,社会主义者参与选举过程,向世人展示社会主义者的选择。美国社会党把选举政治与其他寻求基本变化的战略紧密结合起来。现在作为少数派时,美国社会党为争取未来的社会积极变化而奋斗;等到成为多数派时,将会迅速引入那些构成社会主义的变化，优先通过公有权和工人控制来取消大企业的权力。通过参与地方政府，社会主义者可以支持劳动人民的运动，通过不断完善自身来展示公有权的潜力。

8. 号召自下而上的民主革命

被压迫者只有自己组织起来，推翻压迫者才能获得解放。以激进民主为基础的社会，通过人民组织行使权利，要求自下而上的社会主义变革。人民组织不能根据立法产生，也无法在革命前夕实现；人民组织（尤其是妇女、劳工和少数族裔等组织）只能在群众斗争的过程中成长起来。美国社会党努力通过民主方式建立这些组织。民主斗争的过程将会深刻影响最后的结果。美国社会党的激进民主战略反映了其对一个建立在人人平等、无剥削、非暴力的关系基础上的社会的终极目标。

三 积极参与选举

与美国民主社会主义者、美国共产党不同的是，美国社会党积极开展独立于民主党、共和党等大党的选举活动。美国社会党认为通过参加竞选，可以向人们宣传社会主义。① 美国社会党的竞选人，比如自1994年就开始多次代表美国社会党参选新泽西州州长、参议院的格雷格·佩森（Greg Pason）一直强调直接公共服务需求，包括美国健保制度社会化、严厉的所得税、租金管制、取消教育债务和学费。② 1997年他还称汽车保险是针对上班族的累退税。③ 美国社会党提名的2008年大选总统候选人布莱恩·穆勒（Brian Patrick Moore，1943年6月8日— ）在竞选活动中也表示支持公共健保和医疗社会化。④ 穆勒还认为资本主义是建立在剥削

---

① https：//www. socialistpartyusa. net/principles – points – of – agreement.

② http：//blogs. courant. com/capitol_ watch/2010/01/socialist – party – response – to – ob. html.

③ https：//www. nytimes. com/1997/09/14/nyregion/on – politics – hearing – from – the – seven – who – are – seldom – heard. html？ scp = 8&sq = Socialist + Party + USA&st = nyt.

④ http：//www. wmnf. org/news_ stories/5714.

和自私之上的制度，是为企业和统治阶级的利益服务的，却以牺牲工人和穷人为代价。在其总统竞选活动中，他还宣称崩溃的经济之所以缺少治疗办法，就是因为资本主义制度的根基是"贪婪"，他还鼓吹通过社会所有和工人控制主要产业和金融机构，用建立在经济民主上的新制度取而代之。①

1. 社会党竞选中心

社会党竞选中心（Socialist Party Campaign Clearinghouse）是社会党所有选举活动的中心机构，由社会党竞选中心协调员（SP Campaign Clearinghouse Coordinator）负责管理。该中心经由社会党全国代表大会选举产生，并在社会党全国委员会指导下工作。社会党全国委员会经联邦选举委员会（Fedral Election Commission）认可为"社会主义者全国委员会"（Socialist National Committee，简称 SNC），负责监管社会党的全国选举基金，用于支持参与公共职务竞选的社会党人。因此，社会党全国委员会直接监管其所有竞选基金支出，竞选中心协调员则充任 SNC 财务官的法律地位和职责，负责向联邦选举委员会报送日常财务报告。竞选中心及其协调员的其他职责还包括为社会主义者全国委员会竞选基金筹资，并作为社会党的竞选顾问和助手。②

自 1976 年以来，有一名美国社会党员被选为爱荷华市议会议员，还有几名成员获得过上万张选票，但尚没有在州级别的职位选举中赢得胜利。1983 年凯伦·库比（Karen Kubby）首次进入爱荷华市议会，1992 年，以爱荷华市议会选举历史最高得票（6375票）第二次赢得选举，并在此后连选连任，2000 年库比宣布自己不再参与市议会选举，而是专心从事艺术创作。③ 2000 年 2 月 8日，温德尔·哈里斯（Wendell Harris）在威斯康星州密尔沃基市市长初选中收获 19% 的选票，比位列第一的候选人少了 33.67%，

① https：//www.cbsnews.com/news/socialist–party–candidate–visits–u–tampa/.

② http：//vote–socialist.org/about.html.

③ http：//keywiki.org/Karen_Kubby.

没有参加随后的大选。① 2008 年, 乔恩·奥斯本 (Jon Osborne) 在罗德岛第 34 区州参议员选举中获得 22% 的选票。② 在 2010 年联邦参议员选举中, 丹·波茨 (Dan La Botz) 在俄亥俄州获得 25368 张 (0.68%) 选票。③ 2011 年, 马特·埃拉德 (Matt Erard) 被选举为底特律下城区市民区议员。④ 2012 年, 帕特·诺贝尔 (Pat Noble) 击败其对手, 赢得红岸区高中教育董事会席位。⑤ 约翰·斯通卡 (John Strinka) 在印第安纳州第 39 选区的州众议院议席选举中获得 10% 的选票 (2862 票)。⑥ 特洛伊·汤普森 (Troy Thompson) 在明尼苏达州弗拉德伍德市市长选举中获得 27% 的选票。⑦ 玛丽·赫波特 (Mary Alice Herbert) 在佛蒙特州州务卿⑧选举中获得 13.1% 的选票。⑨ 2016 年, 社会党提名米米·索尔提斯科 (Mimi Soltysik) 和安吉拉·尼克尔·沃克 (Angela Nicole Walker) 为正、副总统竞选人。杰若德·威廉姆斯 (Jarrod Williams) 在内华达州竞选联邦参议员, 西斯·贝克 (Seth Baker) 竞选缅因州参议员, 迈克尔·安德森 (Michael Anderson) 竞选密歇根州众议员。⑩

---

① https：//www. ourcampaigns. com/RaceDetail. html？ RaceID = 232440.

② http：//www. elections. state. ri. us/elections/results/2008/general ＿ election/races/400. php.

③ https：//www. sos. state. oh. us/elections/election – results – and – data/2010 – elections – results/u. s. – senator – november – 2 – 2010/.

④ http：//erard2011. spmichigan. org/？ page＿ id = 56.

⑤ http：//ballot – access. org/2012/11/07/new – jersey – socialist – party – secretary – elected – to – regional – high – school – board – of – education/.

⑥ http：//www. in. gov/apps/sos/election/general/general2012？ page = district&countyID = – 1&officeID = 1&districtID = 214&candidate = Strinka +.

⑦ https：//electionresults. sos. state. mn. us/Results/MunicipalRaces/1？ districtid = 21338.

⑧ 虽然英文头衔 (secretaries of state) 相同, 但州务卿的职能与前往世界各地展开美国外交使命、作为内阁部长的国务卿完全不同。州务卿是美国州一级官员, 他们的职能各有不同, 但大多数州务卿都要履行一项非常重要的职责：作为首席选举官员, 他们负责各州的选举工作, 从谁有资格作为候选人列入选票, 到如何认证选举结果。

⑨ https：//vtdigger. org/2012/11/09/liberty – union – regains – major – party – status – for – next – elections/.

⑩ https：//www. vice. com/en＿ us/article/xd7jj4/meet – the – socialist – running – for – president – in – the – shadow – of – bernie – sanders.

2. 参加总统竞选

表4 美国社会党参加美国总统竞选的成绩

年份	总统竞选人	副总统竞选人	总得票数（张）
1976	Frank P. Zeidler	J. Quinn Brisben	6038
1980	David McReynolds	Sister Diane Drufenbrock	6898
1988	Willa Kenoyer	Ron Ehrenreich	3882
1992	J. Quinn Brisben	Barbara Garson	3057
1996	Mary Cal Hollis	Eric Chester	4764
2000	David McReynolds	Mary Cal Hollis	5602
2004	Walt Brown	Mary Alice Herbert	10837
2008	Brian Moore	Stewart Alexander	6528
2012	Stewart Alexander	Alejandro Mendoza	4430
2016	Mimi Soltysik	Angela Nicole Walker	4061

数据来源：https：//www. marxists. org/history/usa/government/elections/president/timeline. htm.

注：1984 年美国社会党未推出总统竞选人，而是支持公民党竞选人。

第三节 美国绿党

美国绿党（Green Party of the United States，简称 GPUS 或 Greens）近些年来非常活跃，他们参与各级竞选，并且取得了不俗的成绩，尤其在几次总统大选中，最高获得过 280 余万张选票，占全部投票数的 2.74%。这个成绩仅次于民主、共和两党，不仅令其他社会主义政党难免有高山仰止的感觉，也是其他反资本主义政党难以企及的。因此，有必要关注其发展动向。

美国的绿色政治运动始于 1985 年成立的多个通讯委员会（Committees of Correspondence），到 1990 年逐渐集中起来，设立了全国交流中心，有了管理机构、章程，还组织了一个绿色通讯委员会（Green Committees of Correspondence，简称 GCoC）作为交流平台。该组织致力于发动基层民众，开展教育活动和选举活动。

在该组织内部有两派意见:一派认为选举政治只不过是作弊而已,主张"反政党的政党"理念;另一派认为选举活动是推动社会变革的根本动力。这两派在 1990 年的全国代表大会上达成妥协,并把组织名字改为"绿党(Greens/Green Party USA,简称 G/GPU-SA)",1991 年绿党被联邦选举委员会(Federal Election Commission,简称 FEC)确认为全国性政党。

但是这两派的妥协局面没有维持多久就破裂了。1990 年成立了"绿色政治组织"(Green Politics Network),1994 年又成立了"州级绿党全国协会"(National Association of Statewide Green Parties)。这种分裂逐渐扩散到全国范围,其中致力于在地方上发展力量的后者在 20 世纪 90 年代逐渐壮大。2001 年 7 月 28—29 日,各州绿党联合会(Associated State Green Parties,简称 ASGP)在加州圣芭芭拉市开会,修改名称为美国绿党(Green Party of the United States,简称 GPUS),并向联邦选举会员会(FEC)递交认可申请,谋求获得全国委员会的地位。2001 年 11 月 8 日,联邦选举委员会批准 GPUS 为绿党(Green Party)的全国委员会。自此,GPUS 获得了合法地位,并在美国的政治生活中获得一席之地,迅速成为美国主要的全国性绿色组织,超越了 1991 年业已成立的另一个绿党(Greens/Green Party USA,简称 G/GPUSA)。另一个绿党(G/GPUSA)逐渐丧失了支持者,并在 2005 年失去了联邦选举委员会认可的全国性政党地位。本书主要关注的绿党系指美国绿党(GPUS)。

一 奉行绿色政治理念

美国绿党奉行的是绿色政治理念,即美国绿党的四大理念:生态智慧(Ecological wisdom)、社会正义(Social justice)、基层民主(Grassroots democracy)和非暴力(Nonviolence)。从这四大理念延伸出的"十大关键价值",分别是:基层民主(Grassroots democracy)、社会正义(Social justice)、生态智慧(Ecological wisdom)、非暴力（Nonviolence）、去中心化（Decentralization）、社区经济（Community - based economics）、女权（Women's rights）、尊重多样性（Respect for diversity）、全球责任（Global responsibility）、着眼未来（Future focus）。

在 2004 年的《牛油果宣言》中，美国绿党被比喻为内外都是绿色的牛油果。此宣言认为美国绿党为不民主的美国两党制带来了民主。作为独立的第三党，美国绿党不能加入民主党、共和党，这两大党也不能诋毁美国绿党，说它是社会主义者或共产主义者组织。① 美国绿党接受个人捐款，但是不接受公司、工会或银行的捐款，也不接受政治行动委员会（PACs）组织的捐款。该党尖锐地批评无处不在的公司对政府、媒体和社会的影响与控制。② 在 2016 年的选举中，绿党参议员竞选委员会（Green Senatorial Campaign Committee，简称 GSCC）只筹集到了 55 美元，现金余额为 137 美元③，而 2016 年大选中各个政党平均的募集款项是 548 万美元。④

二　组织结构

除了各州绿党之外，为了促进特殊的利益、独特的观点或关注，尤其是那些传统上未得到充分代表的群体，美国绿党还有一种组织类型：党团（caucus），这也有助于增强绿党的力量，扩大多样性。在美国绿党内，党团实际是身份党团（Identity Caucuses）：这些绿党人在表面上看来并非出于理念的原因，但是历史上一直没能在社会中或者绿色运动中充分发挥作用。目前的全国性党团包括黑人党团（Black Caucus）、拉丁裔党团（Latinx Caucus）、变性恋党团（Lavender Greens）、全国女性党团（National Women's

---

① http：//www.cagreens.org/longbeach/avocado.htm.

② GPUS：Fiscal Policy of the Green Party of the United States.

③ 2008 年最高峰的筹集款是 6021 美元。

④ http：//us - campaign - committees.insidegov.com/l/56111/Green - Senatorial - Campaign - Committee.

Caucus)、绿色青年党团（Young Greens）。这些党团在社区招募新成员，推动绿党发展；代表其成员在全国委员会等领导机构中发声，或者在国内政策、建议上表明立场；在绿党内外就其成员关心的事宜推动政策制订；培训或者推出代表其党团的竞选人、公职人选。每个党团都有自己的使命和活动。①

美国绿党每年都在全国各地召开集会，一般都事先由各州绿党提出申请举办会议，经全国委员会同意后召开。美国绿党的总统提名大会决定党的正副总统竞选人，并批准总统竞选和议员竞选的党纲［如果当年没有总统提名大会，则由绿党全国委员会（Green National Committee，简称 GNC）最终决定党纲修改］。每隔四年，美国绿党举行一次总统竞选人提名大会（Presidential Nominating Convention，简称 PNC），由各州绿党选派代表参会，并根据各州初选或党内讨论结果投票。在非总统大选年，美国绿党会举行年度大会（Annual National Meeting，简称 ANM），在这类大会上通常不会作出决策。绝大多数的内部事务都是通过网络在线投票决定。美国绿党认为，吸引各个收入阶层的人参加大会十分重要，因此其参会费特别低廉，一般还提供廉价食宿，甚至对部分低收入者实行免费。

美国绿党有两个全国委员会得到联邦选举委员会的认可：绿党全国委员会（GNC）和绿党参议员竞选委员会（GSCC）。绿党全国委员会由各州绿党和正式党团所选出的代表组成，它是美国绿党的最终决策机构，负责批准党纲的起草活动，鼓励并支持各级党员积极参与讨论；在偶数年组织投票决定是否修订党纲。它负责建立各类常设委员会开展工作，还可以按照需要设立其他委员会。指导委员会负责组织、协调和帮助各个委员会的活动。指导委员会包括 7 位联合主席，1 位秘书和 1 个司库，负责日常活动。②

---

① http：//www. gp. org/caucuses.
② http：//gpus. org/bylaws/.

美国绿党现有 258683 名党员。[1]

三　战略规划

2011 年 11 月 25 日，绿党全国委员会通过提议制订战略规划。在 2013 年的草案中，提出了四个发展目标[2]：

1. 发展党员，提高多样性

规划提出，常言说得好："有人有钱才能有权。"绿党不接受企业捐款，当然就不能像其他政党那样筹集巨额资金用于竞选。不过，作为人民的党，绿党认为自己必须在人的方面获得足够支持，从而用人力资本实现党的目标，比如让人民给绿党投票，支持绿党竞选人，宣传绿党的政策主张，或管理党的日常事务。

绿党努力的方向主要有：吸收新成员，包括青年人和有色人群；留住现有的成员；确认成员资格。绿党想吸引失望的民主党人和独立人士，尤其是在政治上活跃、经验丰富的人加入绿党。为此，需要招募老练的组织者和筹款者。绿党还特别关注吸收有色人群和青年人加入绿党。一共有四种方法吸收新成员：招募作为竞选人、招募为竞选活动工作、通过开展各类活动接触潜在成员、邀请人们参加会议。经验丰富的组织者都会在会议或活动中热烈欢迎新人到来，让他们立刻参与工作，并且积极保持联系。这也是绿党一直在努力做的。

招募年轻人和有色人群还是一个挑战。这些人来了以后，可能会发现自己与众不同，自然就会怀疑自己是否应当属于绿党。还有非洲裔美国人总是与民主党有紧密联系，不管是在经济还是感情上，抑或是在城市当选官员中。由于在吸引年轻人方面更容易一些，绿党的一个战略就是聚焦于年轻的非白人，毕竟他们与现有制度联系较少。

---

① http：//ballot－access. org/2017/07/27/new－registration－data－for－the－united－states/.

② http：//www. gp. org/strategic_plan.

如何留住现有成员也是一个挑战。推动现有政治制度前进的重重困难，还有超负荷工作，都让人们力不从心了。另外，负能量的、不友好的、低效率的文化是没法留住人的。

2. 积极竞选

作为一个政党，绿党在推动进步方面发挥着独特的作用。与议题型的（issue – based）团体不同，绿党不仅宣传政策主张，也努力推选合适的人选来落实政策。人们常常被绿党推选出的候选人吸引。这些竞选人把抽象的理念具体呈现出来，他们可能是活动人士、小企业主和普通人，他们与其他政党推出的一味讨好企业且超级富有的竞选人形成了鲜明对比。推出竞选人的好处包括：在公众讨论中发挥引领作用，尤其是绿党的立场反映的是与现有官员不同的公众意见；动员普通人，帮助他们把不满转化为具体行动；通过监督完善政策。绿党号召全党要团结起来，不仅积极参与各级竞选，尤其要努力参与总统竞选。

当然，美国的政治体制对于绿党存在巨大阻碍，也让人民由于害怕绿党"扰乱"选举而不敢支持绿党。为了前进，绿党不仅支持竞选资格改革，还要支持比例代表制和派位投票（Instant – run-off voting）等政治改革，比如公共竞选资助，非党派选区重划。竞选活动对绿党的人力、物力都提出了很高要求，因此绿党不得不在各个阶层展开筹款活动。

3. 吸引更多关注

根据调查，有很多美国人不知道绿党为何物。对于那些知道绿党的人，也不太清楚绿党情况。在媒体上，绿党常常被作为嘲弄的对象，被边缘化，也被指责要对2000年大选小布什当选的结果负责。当然，还是有人支持绿党的，很多人通过吉尔·斯坦（Jill Stein）的总统竞选活动报道才知道绿党。对党员的调查发现，绿党做得最有价值的事情之一就是建立了全国网站，另一个则是组织各地绿党开展活动。因此，不管是对内还是对外，绿党要想成功，至关重要的是做好与民众的沟通工作。

在对外沟通方面，要提高对绿党的关注度；要对绿党的使命和成绩有清晰的描述；建立稳定的、良好的、认真的声誉；与对绿党和其他第三党的负面态度作坚决斗争；针对目标招募群体要定向沟通，比如年轻的非白人。

在对内沟通方面，要改变绿党笨拙的组织结构。让党员随时了解任务进展，这样做起事情来会更加容易。还要知人善任，即时回馈。通过改造结构，让沟通更顺畅，在党员之间提供双向交流，让每个人都知道发生了什么，他们如何参与，还有如何成为领导者，比如委员会主席，等等。

4. 强调议题策划和政策主张

作为政党，看问题的立场决定了与其他政党的关系，这也是一个政党最吸引人的地方。很多党员说他们之所以加入绿党或认同绿党，就是因为绿党提出的十大关键价值，或者在一些重大问题上所持的立场。绿党的政治立场吸引了很多非白人、年轻人和穷人，还推动政府不断改善工作。

不过政治立场本身还不足以实现其目标，绿党认为要完全实现目标就必须动员党员和公众参与政治进程；积极宣传绿党的立场；还要表现出议题策划上的效率和政治上的成就。从历史来看，绿党仅仅走完了对自己立场的宣传阶段。为了帮助绿党成长，要吸收党员和公众的意见，更高效地制订全国党纲；要更有效地改进党纲，包括制订战略竞选议题的优先顺序，与竞选人在政策上一起努力，把非白人和年轻人关注的议题置于优先地位；围绕某项议题在全国协调组织活动，包括参与各种联盟，在绿党成员之间就这些议题开展对话；为州和地方绿党及其竞选人提供信息和竞选保障；设立全国发言人公开声明绿党的立场。现在吉尔·斯坦（Jill Stein）和绿党影子内阁正在发挥非官方或非正式的发言人作用。绿党应当尽快把这种关系正式化，还要努力设立发言人或者党的领袖作为公众人物，并为他们提供履行职务所需的资源。

四 政策主张：绿色新政

绿党有一套名为"绿色新政"（Green New Deal）的政治主张，在经济、金融和民主等三方面提出了奋斗目标。绿党认为这些主张能够帮助美国迅速走出危机，进入安全的永续未来。从其名称也能看到 20 世纪 30 年代罗斯福新政的影子，绿党也认为这套主张能够发挥同样的功效，挽救经济，建立永续、健康和公平的社会。①

1. 提出经济权利法案

绿党认为，只要不平等的根源还存在，就不可能产生一个健康的新经济。绿色新政从经济权利法案（Economic Bill of Rights）开始，要保证全体公民享有以下权利：

第一，通过设立"完全就业规划"（Full Employment Program），提供 2500 万个就业岗位。该规划是由国家资助，并由地方控制的直接就业行动，是要以各地的就业办公室取代失业办公室，并提供存储在岗位仓库里的公共部门岗位，吸收私人部门里的所有失业者。

各地将采取人人参与的民主决策方式落实规划。禁止有钱就任性，将保证竞选捐献和游说活动不会影响决策。为每一个愿意并有能力工作的美国人提供保证生活工资的岗位，一劳永逸地结束失业。

第二，工人的权利包括取得生活工资、安全场所、公平贸易以及组织工会而无须担心报复。

第三，通过一人付费的全民健保规划，提供合格的健保。

第四，建立从学前到大学都免学费的、合格的、由联邦资助并由地方控制的公立教育体系。还要免除现在难以负担的大学教育所产生的学生贷款。

第五，提供体面的、可负担的住房，包括立刻停止所有的没收

---

① http://www.gp.org/green_new_deal.

抵押房产和驱逐房客行为。设立联邦银行，在各地接受抵押房产，把抵押贷款重组至可负担水平，如果房客无力承担贷款，就把房子租给他们。提高对租房和购房的支持。提供足够的公共住房。对建造可负担住房的非营利开发商提供资本，直到所有人都可以不超过四分之一的收入就能获得体面的住房为止。

第六，通过民主控制、公共拥有、不营利而按成本运营的机构提供人们用得起也用得上的公共服务，比如热力、电力、电话、互联网和公共交通。

第七，按照能力纳税。另外，公司税补贴要透明，要纳入公共预算并接受监督，而不能作为减免隐藏起来。

2. 主张绿色过渡

为了把破烂不堪的经济转变为欣欣向荣的新经济，实现环境友好、经济可靠、社会担当，绿党在投资研发等方面提出以下主张：

在绿色经济中提供免息或低息贷款，发展绿色企业、合作社，尤其是小型的地区性公司，当地劳工创造的财富在当地循环，而不是被榨取后让那些逍遥自在的投资者获利。

绿色研究优先。要把研究资助从化石燃料等末日产业转向风能、太阳能、地热等，投资研究消除废弃物和污染的永续、无毒、闭合（closed – loop）的循环经济，以及有机农业、联产农业和永续森林。

提供绿色岗位。实施完全就业规划，在永续能源和能源效率改造、提倡安全骑车和步行的公共交通、以永续有机农业为基础的地区食品体系、清洁制造等方面直接提供 1600 万个岗位。

3. 号召实行真正的金融改革

绿党认为，大银行和相互勾结的金融家窃取了美国经济，这危害了美国的民主和经济。现在要把华尔街的势力赶出去，解放真正干活的美国人，让美国的经济为了大众而运作。真正的金融改革包括：通过减少房主和学生的贷款负担，解除拖累经济的债务。

货币政策民主化，对货币供给和信用创造实施公共控制。这意味着把私人控制的美联储国有化，并置于财政部内设的货币当局管理之下。

分拆那些"大到不能倒"的超大银行。

停止由纳税人负担的对银行、保险公司等金融机构的救援。由联邦存款保险公司来清算破产的银行，在坏账和标的资产拍卖完毕之后，作为公共银行重新开张。

规制所有金融衍生品，并且必须公开交易。

恢复《格拉斯—斯蒂格尔法》①，隔离经营储蓄的商业银行和进行投机的投资银行。对接受救援的银行家征收90%的红利税。

支持设立联邦、州和市三级公共银行作为非营利机构。绿色新政将开创一个开放、诚实、稳定并为实体经济而非过度金融化的虚假经济提供服务的金融体系。

4. 恢复民主的正常功能

绿党主张要想重塑美国经济，就需要恢复美国对民主的承诺：

修订宪法，明确公司不是人，金钱也不是语言。属于活生生的、会呼吸的人类的权利不应被赋予富人控制的经营实体。

保护投票权，支持"投票权修正案"，向最高法院要求宪法赋予的投票权。

实施投票者权利法案，保证每人一票；要求在选举结果公布之前清点所有投票；以非党竞选委员会取代党派对选举的监督；设立选举日为全国假日以鼓励民主精神；在全国实施简化的、安全的选民同日登记，防止不合格选民投票；废除赢者通吃的选举，代之以比例代表制或派位投票制，这是大多数先进国家行之有效的选举制度；以完全公共融资和自由平等利用广播取代金钱对竞

---

① 《格拉斯—斯蒂格尔法》（Glass - Steagall Act），又称作《1933年银行法》。在20世纪30年代经济大危机后，美国通过立法将投资银行业务和商业银行业务严格分离，保证商业银行避免证券业风险。该法案禁止银行包销和经营公司证券，而只能购买由美联储批准的债券。禁止银行控股公司拥有其他金融公司的规定被1999年11月12日生效的金融服务法现代化法案取消了，这实际上取消了承担风险的投资银行与接受储蓄的商业银行之间的隔离，使得投资银行可以控制商业银行，因此造成潜在的风险。

选活动的控制；保证所有合格候选人平等参与选举、辩论；废除选举人团，实行总统直选；对有前科的人在悔过自新后要恢复其投票权；给予哥伦比亚特区一个州的地位。

保护地方民主和民主权利，彻底检查联邦优先的法律及其对地方民主实践的影响。这个检查的核心在于民主之问，即哪一层级的政府对民主参与是最公开的，从而是最适于保护民主权利的。

建立像公共广播公司（Corporation for Public Broadcasting）一样的新的联邦公司：经济民主公司（Corporation for Economic Democracy），为发展合作和民主改革提供出版、培训、教育和直接融资，促进政府机构、私人协会、商业企业变得更具有参与性。

加强媒体民主（media democracy），扩大联邦对地方拥有的广播媒体和出版媒体的支持。

保护个人自由，废除《爱国法案》（Patriot Act）和《国防授权法案》（National Defense Authorization Act）中侵犯公民自由的条款；禁止国土安全部和联邦调查局与地方警察合谋压制集会和言论自由；停止敌视移民，包括残酷的所谓社区安全计划。

对军事工业联合体加强控制，削减一半军费开支，关闭世界各地的美国军事基地；恢复国民警卫队作为国防体系的核心；开启新一轮核武器削减倡议。

从绿党现在的政治主张中可以看到很多美国存在的问题，而这些问题既然由来已久，解决起来也当然不可能一蹴而就。绿党的主张究竟能赢得多少美国人的认同，当然需要通过绿党所参加的竞选活动来加以检验。

五　绿党特别重视参与竞选

绿党对竞选非常重视，可以说不遗余力地投身各种竞选活动。

在绿党总统竞选人的帮助下，绿党在每个州的每个竞选季都努力获得参与各级竞选的资格。美国有关竞选资格的法律规定在各州都不尽相同，在有些州，由民主党和共和党议员们设计的法律有利于这两个党的竞选人，而不利于其他党派，有些州的绿党为此提起了诉讼，要求推翻不公平的竞选资格法律。2012 年，绿党在 37 个州（包括华盛顿特区）参加了大选，有 82% 的选民可以投票给绿党提名的候选人。2016 年，除了内华达州、俄科拉荷马州、南达科他州等三州之外，绿党在其他 48 个州都获得了参选资格。

1. 参与竞选的理由

绿党认为，来自选民的每一张选票都能帮助绿党成长，每一张选票都表明了对民主、共和两党以及华尔街的反对。每一张选票都代表了对绿党立场和原则的支持。在美国的历史上很多（也许是大多数）最好的理念出自其他党派，并招致了民主、共和两党的强烈反对：废除奴隶制、妇女的选举权、八小时工作制、工人福利、公立学校、失业补贴、最低工资、禁止童工、社会保障和健保，等等。一百多年前，尤金·德布斯先后五次作为社会党人参选总统，尽管只获得了几个百分点的选票，但是他和社会党所倡导的理念却被罗斯福总统在大萧条时期的新政中所采用。实际上，在民主党、共和党议员们采取针对第三党参与竞选的法律限制之前，有数以千计的其他党的成员当选公职。1916 年的国会里曾出现过五个不同的政党。

在 2000 年的总统大选中，绿党候选人拉尔夫·纳德尔（Ralph Nader）和威诺纳·拉杜克（Winona LaDuke）赢得了 2.7% 的普选票。很多民主党人和绿党人都认为正是纳德尔影响了民主党候选人阿尔·戈尔（Al Gore）应得的选票，才导致小布什赢得了大选。关于纳德尔对 2000 年大选的影响一直存在争议。

绿党认为，所谓扰乱选举的指责只不过是两大党用来对付竞争的说辞而已。绿党认为，主张所谓"扰乱"说的人实际上在三个方面有欠考虑。第一，大党竞选人自身存在问题。在 2000 年大选中，大约 308000 名佛罗里达州民主党人投票给了小布什，只有 24000 人投票给了纳德尔，还有约三百万选民根本没去投票。此外，指责纳德尔的民主党人还忽略了共和党在佛罗里达州选举中可能存在的窃取行为（有超过 173000 名选民被取消投票资格），最后是最高法院的裁决让布什入主白宫，而且戈尔自身的竞选活动也存在弱点。第二，这意味着其他党没有权利参与竞选。第三，这歪曲了真正需要的民主选举改革，比如排序选择投票、比例代表制、竞选资助立法、竞选公共筹资。对于"扰乱"一说心存疑虑的人应当加入绿党提出的排序选择投票（Ranked Choice Voting）。

2. 绿党的竞选成绩

为了检验一个党的理念和战略是否有效，可以从其活动的结果来看。绿党在各个层级竞选公职，而赢得地方选举胜利对绿党这样的草根政党来说具有最优先的地位。

截至 2017 年 9 月 20 日，至少有 141 名绿党成员在 18 个州当选公职，其中绝大多数（69 人）位于加利福尼亚州。这些职位包括市长、郡长或镇长，还有很多校董事、文员等地方管理机构的职位，在缅因州有一个众议员是绿党人。在联邦政府中还没有绿党人当选公职。2016 年马克·萨拉查（Mark Salazar）创造了一项新纪录，获得绿党提名参选美国国会众议员，他在亚利桑那州的第八选区，对阵现任共和党众议员特伦特·弗兰克斯（Trent Franks），结果萨拉查获得 31.43%，即 93954 张选票。

表5   **绿党历次总统竞选成绩**

选举年份	总统竞选人	竞选搭档	得票数（张）	占总投票数比（%）	赢得选举团票（张）
1996	Ralph Nader	Winona LaDuke	684871	0.71	0/538
2000	Ralph Nader	Winona LaDuke	2882955	2.74	0/538
2004	David Cobb	Pat LaMarche	119859	0.10	0/538
2008	Cynthia McKinney	Rosa Clemente	161680	0.12	0/538
2012	Jill Stein	Cheri Honkala	469627	0.36	0/538
2016	Jill Stein	Ajamu Baraka	1457216	1.07	0/538

数据来源：https：//www. marxists. org/history/usa/government/elections/president/time line. htm.

第五章　2008 年金融危机对美国社会主义发展的影响

  2008 年金融危机风暴始于美国次级贷款违约、信用紧缩。2007 年 2 月美国第二大次级抵押贷款公司"新世纪金融公司"（New Century Finance Corp）宣布破产，从而拉开了美国次贷危机的序幕。随后 20 多家次级贷款金融公司宣布遭受严重损失，损失金额达到 1.3 万亿美元，次级贷款业旋即宣告崩溃。由于次贷危机全面爆发，美国股市出现了大面积的、剧烈的下跌，这引发了金融危机。2007 年 7 月，持有大约 100 亿美元住房次级抵押支撑资产的大型投资银行贝尔斯登（Bear Stearns Companies，Inc）旗下的两家对冲基金发生巨额亏损，陷于破产。2008 年 7 月 10 日，美国最大的两家房屋抵押贷款公司房利美（Fannie Mae）、房地美（Freddie Mac）出现巨额亏损，其股票价格分别急剧下滑 17.7%、10%，跌到近 20 年的最低点。8 月，美国最大的住房抵押贷款公司"康特里怀特金融公司"动用银行信用额度 115 亿美元，引起市场大面积的恐慌不安。次贷危机爆发后，欧美各国一些大型金融企业，如美国新世纪金融公司、雷曼兄弟公司、摩根士丹利公司、贝尔斯登公司、美林集团、花旗集团、国家金融服务公司、美国国际集团，以及英国北岩银行、法国巴黎银行、荷兰国际集团和冰岛的三大银行等皆因严峻的信贷紧缩陷入困境，面临着被接管或者倒闭的形势，甚至出现了国有化。

第一节 美国共产党认为新自由主义是
金融危机的根源

2008 年 9 月 29 日、10 月 3 日政治事务网站连续刊登了时任美共主席萨姆·韦伯的文章《金融与眼前的危机：危机如何发生？出路何在？》（*Finances and the Current Crisis：How did we get here and what is the way out?*）。[①] 在文中，韦伯认为，2008 年金融危机标志着美国资本主义在理念、政治和经济等方面的破产，预示着美帝国主义的霸权进入新的危机阶段，单极世界进入灭亡期。

韦伯认为，引发 2008 年金融危机的直接原因包括银行储备金过少、掠夺性放贷、高风险金融衍生品交易、放松管制、影子金融市场泛滥、经济泡沫高企等，并且也是这些因素长期积累的结果。2008 年金融危机的起因可以追溯至 20 世纪 70 年代中期的美国政策。当时，美国经济进入滞胀阶段，曾经长期存在通货膨胀率与失业率之间的菲利浦斯关系发生逆转，造成美国经济增长放慢，企业利润率下降，危及美国的全球竞争地位。1983 年时任美联储主席的保罗·沃克（Paul Volcker，1927 年 9 月 5 日— ）决定把联邦基金利率从 1979 年的平均 11.2% 提高至 20%，此举控制住了通货膨胀，通胀率从 1980 年的 14.8% 降低至 1983 年的 3%，从而恢复了人们对美元的信心，并吸引全球资金流入美国的金融市场，也推动了财富不断向富人手中聚集，引发金融领域急速扩张；然而这一措施也导致实体经济增长缓慢，迫使成千上万的工厂和家庭农场倒闭，失业增加，工资停滞不前，社会保障削减，许多社区衰退，劳工运动衰落，给工人阶级（尤其是非洲裔和拉丁裔美国人）带来极大的困苦，沃克领导下的美联储因此遭到了

① http：//www. politicalaffairs. net/finances – and – the – current – crisis – how – did – we – get – here – and – what – is – the – way – out/；http：//www. politicalaffairs. net/finances – and – the – current – crisis – how – did – we – get – here – and – what – is – the – way – out – pt – 2/.

强烈的政治抨击和大规模抗议，负债累累的农场主开着拖拉机来到华盛顿，围堵美联储办公大楼。①

如果仅是沃克采取这种高利率的休克疗法还不会造成太大的麻烦，随后上台的里根总统才是 2008 年这次思想、政治和经济动荡的真正罪魁祸首。第一，在意识形态领域，里根的支持者宣称政府最好减少对市场干预；市场具有自动纠错功能，可以有效地实现财富的公平分配；收入不平等是好事，也是应该的；放松管制和私有化是解决公私部门存在的一切经济问题的最好办法；积极区别对待政策②在后民权时代已没有存在价值；为富人减税将有利于工人，对全社会都有利。第二，在政治方面，里根的支持者策划斗争，并空前残酷地动用国家权力，在里根总统第一任期内就镇压了空中交通管制员工会。③ 第三，在经济领域，里根的支持者废除了国家和企业层面过去在资本积累和经济监督方面采用的许多凯恩斯主义模式。该模式可追溯至罗斯福新政，并在其后 30 年内进一步扩展。新政强调阶级融合、社会责任、形式平等和宏观

---

① SHULL B：The Fourth Branch：The Federal Reserve's Unlikely Rise To Power And Influence. Praeger，2005，p. 142.

② affirmative action，对因种族、性别等原因遭歧视的群体在就业等方面给予特别照顾。

③ 美国空中交通管制员工会（Professional Air Traffic Controllers Organization，简称 PAT-CO）于 1981 年 8 月 3 日宣布实施罢工，要求改善工作条件，增加劳动报酬，实行每周 32 小时的工时制度，共有约 13000 名管制员参与了罢工行动。罢工开始后，里根总统认为，作为联邦政府雇员，空中交通管制员工会成员的罢工违反了法律规定，并且"危害国家安全"（"peril to national safety"），命令他们立即返回工作岗位。这一命令之后，只有少部分管制员回到工作岗位。当天里根总统在关于罢工的记者招待会上要求没有回到岗位的管制员在 48 小时内回岗位报到，否则将对他们进行解雇。8 月 5 日，里根总统解雇了仍然拒绝返回工作岗位的 11345 名管制员，同时通过行政命令终身禁止他们再为联邦政府服务。这场解雇给全美航空管制系统的运转带来了灾难，美国联邦航空管理局（Federal Aviation Administration，简称 FAA）开始紧急招募人员替代被解雇的人员，一些机场的管制系统则由军方管制员进行替补。最终，花了近十年时间才将管制员数量恢复至满足正常运转的水平。作为罢工的发起者，空中交通管制员工会同样遭受了沉重的打击，部分工会会员因为违法罢工而被起诉入狱，空中交通管制员工会的组织资格也被联邦劳动关系管理局（Federal Labor Relations Authority）以 3：0 投票废除。在这场事件中被解雇的管制员由于终身禁令的存在，大多处于失业状态，1993 年比尔·克林顿总统解除了禁令后，也只有少部分人回到了原来的工作岗位。http：//www. nytimes. com/1981/11/05/us/patco – decertification – vote – is – switched – from – 2 – 1 – to – 3 – 0. html.

经济扩张政策，这些都有助于人们共享繁荣。

韦伯认为，里根的支持者构造了新自由主义的积累和经济管理模式，与新政相反，新自由主义的主要特征包括灵活的全球生产网络、破坏工会、撤销管制、低工资、低通胀、商品、服务和资本自由流动、压缩公共领域、使种族主义和性别歧视再次渗透经济和国家、重构国家的角色和作用以及强调金融的作用。

韦伯把金融资本家描绘成躲藏在阴暗角落里伺机而动的窃贼，不断躲过监管当局的监督。金融资本家通过不断地发明五花八门的金融衍生品，再从中买卖攫取高额利润。由于这些金融衍生品风险较高，当金融市场出现混乱之时，金融资本家会迅速抛售变现以求自保，然后等待时机再次出击。当金融资本家找不到安全的投资场所，可能蒙受巨大损失时，联邦政府总是会援助那些处于困境中的大金融机构。在 20 世纪 80 年代晚期和 20 世纪 90 年代，金融资本的力量日益增强、活动范围也日益扩大，甚至决定了美国经济和世界经济的轮廓、结构、关系及其变化。

韦伯认为，金融化是美国资本主义制度性弱点和矛盾的产物，也是一把双刃剑：它既是新自由主义的资本积累和国家治理模式的急先锋，可以帮助美国资本主义巩固其在国内和世界事务中的支配地位，同时也在美国和世界经济中制造了许多新的问题。美国的金融市场吸引了大量的流动资本，这些外国投资者大举购买美国债券，而美国的家庭债务、政府债务和企业债务迅速增加。由此美国和世界的关系变成了这样：美国的消费者通过借债增加购买力支撑着全球需求，而世界经济则与美国高度金融化的、高度负债的不稳定经济紧密地联系在一起。但是这种关系长期来看是不可持续的：外国投资者的信心来自于美元的强势地位，可是负债过高势必削弱美元的强势货币地位，一旦美元贬值，外国投资者就势必撤离美国，从而引发美国金融市场崩溃。过去 20 年不断发生的金融风暴足以证明美国和世界经济中潜伏的这种不稳定因素，因此，建立新的经济监管模式迫在眉睫。此外，金融化在延长资本主义上升阶段的同时，也有可能导致经济"硬着陆"，最终使危机变得更为严重；在创造巨大财富的同时，把财富由创造者（工人）转移到财富占有者（美国金融资本家的上层人物）手中。

为了稳定金融市场，恢复其正常运行，美国共产党主张不仅要恢复市场流动性，而且要解决小城镇居民的危机，恢复整个经济；而保守的共和党众议员则主张以减税的方式给华尔街输血救援，反对严格的调控措施。美共认为，在近期，需要采取一些直接措施恢复金融市场的有序运行，刺激经济发展，最重要的是要提高美国人民的生活水平。从长期来看，则需要在国家和企业层面实行新的经济管理模式，改变政府和企业的功能，关心工人、种族歧视和民族压迫的受害者、妇女、年轻人及其他社会团体。新模式应该充分吸取罗斯福新政的历史经验。经济危机当年让富兰克林·罗斯福获得由产业工会领导的全民联盟的支持，他通过新政调整国家的功能，造福普通百姓。今天的美国人民也可以从中获得鼓舞，走一条相似的道路。首要的是根据现实，改善工人及广大被压迫者的政治和经济地位，其次是把大型能源和金融企业收归国有，使美国的经济和社会摆脱军事化，并加强环境保护。尽管这种模式还不是社会主义性质的，但它将挑战资本主义代理人的权力和行为，有助于和平与平等。

另外，在经济全球化背景下，资本家可以通过公司并购、科技创新、离岸公司等操作手法来减少人工成本，这必定导致工资降低，而资本家则坐享其成，把全球化产生的巨额利润尽数收入囊中，却把风险和危害甩给世界各国的工人。在这种形势下，美国共产党认为必须唤醒工人阶级的斗争意识，使社会主义理想在美国这一世界上最大的资本主义国家变为现实。美国共产党特别强调，全球化是一个不可避免的客观过程，全球化本身并不是工人阶级的敌人，真正的敌人是资本主义。因此，发展全球化的关键是由谁来主导它的方向。如果由工人阶级来主导，全球化过程就有利于解决资本主义造成的环境污染、资源枯竭等问题。全球化使资本主义的种种矛盾激化，并在全球范围内扩展、蔓延，全球化的光明未来就是社会主义。

第二节　占领华尔街运动是对资本主义的直接否定

占领华尔街（Occupy Wall Street，简称 OWS）运动是一系列主要发生在美国纽约市的集会和游行示威活动，该活动没有具体的领导人，而是起源自 2011 年 2 月 2 日加拿大反消费杂志《广告克星》（Adbusters）在其网站上倡议人们发起的抗议活动，以反对资本统治和政治压迫。[①] 此活动从 2011 年 9 月 17 日开始，上千名示威者聚集在美国纽约市的曼哈顿区祖科蒂公园（Zuccotti Park），并扬言要占领华尔街。10 月 1 日，纽约大批民众涌上该市布鲁克林大桥进行示威，指责"企业贪婪、全球变暖以及社会不公"，并与警方展开对峙。媒体称，至少 700 人在示威活动中被纽约警察逮捕，其中大多数示威者是因警方认为其扰乱社会治安而被捕的。10 月 6 日，在美国首都华盛顿上千人参与了"占领华盛顿"运动。10 月 10 日，美国纽约市组织了盛大的游行活动，庆祝一年一度的"哥伦布日"。游行从上午 11 时 30 分开始，至下午 3 时 30 分告一段落。数万人参加了游行，观众多达数十万人。此后，占领活动蔓延至纽约市以外的多个美国主要城市，其中包括旧金山、芝加哥、洛杉矶、西雅图、波士顿和丹佛等城市。10 月 15 日"占领华尔街"示威游行蔓延到了包括悉尼和多伦多在内的全球 1500 个城市。2011 年 11 月 15 日，美国纽约警方在凌晨展开突击行动，对"占领华尔街"运动的大本营曼哈顿祖科蒂公园进行彻底清场，这是"占领华尔街"活动抗议者首次被强制驱逐。在清场过程中，

---

① https：//www. adbusters. org/blogs/adbusters – blog/million – man – march – wall – street. html.

约 200 名抗议者被警方逮捕。此后，抗议者们开始转而占领银行、公司总部、董事会、大学校园等。

2011 年 10 月 5 日，哥伦比亚大学经济学教授、诺贝尔经济学奖得主约瑟夫·斯蒂格利茨到现场支持占领运动，他明确地说："因金融系统过错造成的损失正由社会均摊，收益却进入私人腰包。这不是资本主义，不是市场经济，这是扭曲的经济。长此下去，美国将不能实现增长，不能建立公正的社会。"①

2011 年 10 月 18 日美国总统奥巴马在接受美国广播公司的专访时，他将主要支持者为自由派的"占领华尔街"运动与保守派的茶党作类比，认为两者没有什么不同。而其原因为无论是左翼还是右翼，都感到政府距离他们越来越远，不关心他们的疾苦。奥巴马提出的就业法案中对富人增税的内容正是部分"占领华尔街"运动示威者的诉求，但这一法案在参议院遭到共和党人的阻挠未能过关。美国媒体披露，奥巴马及其团队"已决定将民众对华尔街之怒变成 2012 年选举策略的核心要素"，主旨则是"确保 99% 美国人的利益受到照顾"。这是白宫首次使用示威者提出的"99%"这一词汇，以此来区分多数美国人与富人。②

直接触动占领运动的导火索是美国当时居高不下的失业率。美国劳工部公布的就业数据显示，2011 年 8 月全美有 30 个州的就业人数下降，其中纽约就业人数下降最多，当月纽约雇主裁员 2.2 万人。美国有超过 4600 万人生活在贫困线以下，几乎每 6 个美国人就有 1 个贫困户。美国各个工会为此四处奔走。更深层的原因则是人们对资本家的普遍不满。2008 年金融危机爆发后，美国政府动用纳税人的钱，出巨资救援华尔街陷入困境的大银行。但是，华尔街竟然一方面接受救援，另一方面却高额分红。2008 年美国华尔街金融企业员工获得了总额达 184 亿美元的高额分红，相当于 2004 年金融业鼎盛期的水平。由于华尔街是金融危机的始作俑者，

① http://finance.eastmoney.com/news/1351, 20111006167258768.html.
② http://finance.eastmoney.com/news/1344, 20111019170033528.html.

高额分红消息曝光后，受到美国各界的广泛谴责。当时的布什政府曾公开予以严肃警告，此后刚上任的美国总统奥巴马则于 2009 年 1 月 29 日说，在美国纳税人出钱拯救金融业之时，华尔街的金融企业仍向员工发放近 200 亿美元的高额分红，这是一种非常不负责任的"可耻行为"。此后奥巴马又提出向华尔街银行征收养老金等 900 亿美元税收以弥补政府金融救助中尚未收回的资金差额的提案，同时对赚取了"巨大利润和令人厌恶的奖金"的银行家实施打击。但华尔街立刻威胁道，会将成本转嫁至消费者。甚至有金融界和共和党议员评论说，奥巴马在经济复苏尚未稳定之际抛出这项政策，可能会使刚刚复苏的银行业再度受到打击，动摇金融系统稳定的根基。有分析人士揭露事实上发放巨额奖金几乎是整个华尔街和大企业的一贯做法，也得到民主党和共和党历届政府的全力支持。这说明，美国政府之所以奈何不了华尔街，根源在于华尔街与美国两党已形成了钱权关系。因此，表面上"占领华尔街"运动矛头对准的是华尔街，实际上是指向无所不在的金钱民主。[①]

　　2011 年 2 月，哥伦比亚大学政治学教授利伯曼（Robert C. Lieberman）指出，从 20 世纪 70 年代后期开始，美国历届政府实施的无数政策都对富人有利，进一步扩大了美国的贫富差距。利伯曼指出，美国的失业率近 30 年居高不下，数以百万的房屋被拍卖抵债，实际收入下滑的速度是 20 世纪 30 年代经济大萧条以来最严重的。他说，20 世纪 60 年代，美国最有钱的 1% 人口掌握了全国 8% 的财富，而现在这 1% 的人口掌握的财富高达全国的 20%。尽管近两年经济不景气，可是收入最高的 5% 的美国人的收入却继续增加。利伯曼指出，美国的收入不均现象已经是所有发达国家中最严重的，和非洲的加纳、拉丁美洲的尼加拉瓜、中亚的土库曼斯坦差不多。[②]

---

① http：//news. ifeng. com/gundong/detail_ 2011_ 09/20/9333057_ 0. shtml.

② Lieberman R. C. ：Why the Rich are Getting Richer：American Politics and the Second Gilded Age. Foreign Affairs，2011（1）.

2016 年，美国福德姆大学社会学教授高特尼认为，尽管"占领华尔街"曾被指缺乏具体诉求、清晰组织机构以及长远战略规划，但它已产生政治回响。比如，桑德斯在 2016 年总统竞选中就沿用了收入不平等的观点，并呼吁将金钱赶出政治、限制华尔街银行、为公众提供免费高等教育等。①

第三节　金融危机推动了对资本主义的反思

金融危机爆发后，以美国为首的西方国家迅速从指引资本主义前进的"灯塔"，沦为展示资本主义缺陷的"橱窗"。随着经济不景气四处蔓延，美国、英国和整个欧洲大陆反资本主义情绪不断高涨，资本主义制度不断遭到"炮轰"，也让人们开始重新认识社会主义。

英国社会主义工人党领袖克里斯·哈曼（Chris Harman）在其著作《僵尸资本主义：全球危机与马克思的相关理论》中指出，虽然危机看起来源于金融部门，但其主要原因却是资本主义制度自身存在的基本矛盾，无法克服生产社会化与生产资料私有制之间存在的根本对立。因此，在经济周期的不同阶段，资本主义总是在国家干预和自由市场政策之间摇摆，最终走向周期性危机。②

2012 年第 42 届达沃斯冬季论坛刮起了一股反思资本主义的劲风，论坛以"20 世纪的资本主义是否适合 21 世纪"作为中心话题，"改造资本主义"和"重塑资本主义"亦成为热门议题。世界经济论坛创始人兼执行主席克劳斯·施瓦布在 2012 年达沃斯论坛年会上指出："放任无度的高薪福利严重败坏了经理人的从业风气。"最初的资本主义体系中分工明确：企业家承担投资风险并享有收益；经理人确保企业在长远的未来能为所有利益相关者带来

---

① http：//news.163.com/16/0921/09/C1FOLNK400014SEH.html.

② Harman C：Zombie Capitalism：Global Crisis and the Relevance of Marx. Haymarket Books，2009.

利益。而如今，过度的红利体系使得经理人的收入与资本拥有者的利益紧密挂钩，从而颠倒了正常的分工体系。

日本学者神谷秀树在《贪婪的资本主义：华尔街的自我毁灭》一书中认为，华尔街的精英即便获得了 MBA 工商管理硕士的头衔，对于在职场中必须遵守的道德却一无所知。华尔街银行家的工作方法是：供职的金融公司如同房东，银行家则像是租房的住户。银行家会充分利用借来的资产负债表，尽可能地增大收益。在市场上升期，银行家每人每年收入能达到数千万、数亿美元；在市场下行时，银行家就抛下巨额亏损，拂袖而去，寻找下一个"房东"。"今天赚的给我，明天赔的归你"，他们认为只要"合法"就可以不择手段。投资银行家是全世界最贪婪的职业，他们的欲望已经膨胀到了无以复加的程度。"贪婪"如果一旦发病，就不可收拾，需要长期的、艰苦的、持久的治疗。①

2009 年 10 月 12 日，美国前劳工部长罗伯特·赖科（Bobert B. Reich）在美国《外交政策》发表文章《资本主义是怎样扼杀民主的》。他认为资本主义和民主开始分道扬镳。资本主义的作用是做大经济蛋糕，仅此而已。在最佳状态下，民主能让公民集体讨论应如何切分蛋糕和决定哪些规则适用于私有财物、哪些适用于公共财物，但是如今这些任务逐渐被交给了市场，以营利为目的的公司具备了越来越大的政治影响力，并取代了民主制订生活规则，这导致资本主义民主脆弱无力，无法解决资本主义发展带来的社会问题。②

正是基于西方民主制度的诸多缺陷，斯蒂格利茨认为，"民主信仰"真正成了金融危机后的一个受害者。他指出："发展中国家的人们在华盛顿看到被允许自定规则的华尔街将风险带给了全球

---

① ［日］神谷秀树：《贪婪的资本主义：华尔街的自我毁灭》，于丽译，经济科学出版社 2009 年版。

② Reich R B: How Capitalism is Killing Democracy. （https://foreignpolicy.com/2009/10/12/how – capitalism – is – killing – democracy/）.

经济，而当算总账的那一天到来，政府却转身让华尔街自己来处理经济的复苏。他们看到了财富重新分配到金字塔的顶端，很明显牺牲了普通公民的利益。他们看到了美国民主体系政治问责的基本问题。当他们看到所有这一切，就可能给出这样的结论——民主本身存在无可避免的致命错误。"①

当美国奥巴马政府在国会授权下开始对经济尤其是金融领域进行干预，实施大规模的经济刺激计划、对华尔街加强监管、推出全民医保法案等一系列政策时，舆论一片哗然，认为这些都是社会主义的举措。但是这些举措在恢复金融市场的有序运行和美国经济的活力方面，实际效果并不明显，美国经济虽然有回稳迹象，但始终未能走出危机。很多反资本主义的党派认为，美国要想真正走出危机，需要建立一种在国家和企业层面上的新经济治理模式，重新调整政府和企业的作用与功能，从而有利于劳动人民，有利于那些受压迫的少数族裔、妇女、青年等社会群体。这种新的治理模式应该是社会主义的，并且需要由外力来推动，需要一个具有广泛性的、来自基层支持的、新的政治联盟来推动。如今在西方左翼力量内部，想通过激烈革命转变为社会主义的人越来越少，而通过不断在资本主义社会积累社会主义因素逐渐过渡到社会主义的设想却越来越受欢迎。当代资本主义社会在应对金融危机中借鉴运用了社会主义国家的宏观调控对生产关系进行调整，因此，随着生产社会化程度的不断提高，资本主义社会内的社会主义因素不断增多，资本主义可能向更高级的社会主义社会和平过渡。但是，这个过程将十分漫长。

---

① ［美］约瑟夫·斯蒂格利茨：《美式资本主义的灭亡》，《新世纪周刊》2009 年第 20 期。

第六章　为什么社会主义在美国历史上波澜不惊

　　桑巴特认为，由于美国工人阶级对资本主义、对美国的政治制度和不同寻常的公民融合持赞同态度，除了民主、共和两大党外的新政党（包括社会主义政党在内）一直很难发展壮大，美国工人阶级的激进潜力被资本主义所提供的丰厚物质待遇所抵消，美国工人阶级认为自己有更多的发展机会，广阔边疆的存在削减了工人的战斗力，等等，所以美国没有社会主义。李普塞特也认为，美国两党制使第三党难成气候，美国社会主义政党和工会长期不和，种族、语言和宗教造成美国工人阶级的异质性或多样性，美国文化中的反国家主义和个人主义传统，是美国社会主义失败的原因。按照李普塞特的观点，社会主义纯粹是欧洲的产物，同美国以及美国的工人运动没有什么关系。李普塞特的这种观点在美国学术界颇有影响。但是，从根本上说，把社会主义看成是"欧洲舶来品"，同美国工人运动格格不入，这样的结论是站不住脚的。马克思主义认为，现代社会主义思想深深扎根于现代资本主义制度之中，所谓美国没有社会主义的观点是违背历史规律和美国实际情况的。实际上，从前面几章对美国反资本主义政党的介绍来看，美国并非没有社会主义，只是没有西欧式的社会主义，但是有独具美国特色的社会主义思潮和运动。如同马克思在1879年1月5日发表的访问记中指出的，美国的社会主义运动是"由于资本的积聚和工人与雇主之间的关系的变化而造成的"，是这个国家发展的自然结果。①

总而言之，美国在历史上之所以没有出现像欧洲那样一呼百应的社会主义政党和声势浩大的社会主义运动，首先是美国社会自身存在的诸多特点制约了社会主义的发展，比如相对较高的社会流动度、深入人心的自由主义传统、联邦制、两党制等政治制度。其次是外部条件不利于社会主义发展，比如宗教的影响、灵活多变的政策、实力强大的工会以及美国资本主义的巨大生产力以及不断增加的经济影响力。最后是各个社会主义政党自身在战略、策略和领导等方面存在诸多问题。

下面将依次从社会主义理念、工人、资本家和工人政党这四个方面扼要展开论述，并依照现实变化对这些历史局限条件逐一进行分析，以求透视未来美国社会主义发展的可能图景。

第一节　社会主义理念的独特吸引力
没有得到充分展现

在埃本斯坦、福格尔曼看来，社会主义同资本主义相比较，其吸引力主要体现在两个方面：实现平等和消灭贫困。② 但是，美国社会主义运动在这两个方面都没有充分展现出魅力，自然也就无法吸引美国民众加入到这项运动中来。

一　美国社会平等的主要障碍是种族不平等而非阶级不平等

欧洲社会主义得以发展的动力之一，是它反对社会各阶级之间的不平等，而欧洲各国内部阶级间的不平等均来自过去的封建时代。在这一点上，与欧洲相比，美国是一个没有经历过封建时代的国家，因此，在其发展过程中没有遗留下阶级不平等现象，这

---

① 《马克思恩格斯全集》第 25 卷，人民出版社 2001 年版，第 646 页。

② ［美］埃本斯坦、福格尔曼、周士琳：《社会主义的未来——美国和发展中国家的社会主义》，《现代外国哲学社会科学文摘》1982 年第 9 期。

导致大多数美国人认为自己属于中产阶级，也就是美国人的阶级意识比较淡薄。与此同时，从殖民时代起，种族不平等就一直是美国社会不平等最主要的表现形式。美国白人的种族优越感和种族主义在美国盎格鲁—撒克逊文化中由来已久。就连大名鼎鼎的本杰明·富兰克林也不能例外，尽管他多才多艺、道德高尚，为美国的独立作出过巨大贡献，然而他同时也是一位地地道道的种族主义者，对印第安人心存偏见，公开蔑称印第安人是"喜欢打仗、杀人的野蛮人"，还说他们无知、愚蠢、粗鲁、生性懒惰。[①]美国在领土扩张的过程中，首先攻击的是土著印第安人。据托克维尔记载，"到1831年末，据说已有一万多名印第安人来到阿肯色河两岸，而且每天都陆续有新人前来"。然而，"印第安人到了新地点后立即发现，为他们所做的一切安排都是暂时性的。谁能担保他们在新住区可以平平安安地生活下去呢？美国政府答应到那里以后保护他们，但对他们现在所在的地区，美国政府也曾信誓旦旦地做过这样的保证。……毫无疑问，再过几年，现在聚集在他们周围的这伙白人，也会把脚插到阿肯色的荒原，再来挤压他们。那时，他们将会遭到同样的苦难，而且同样没法补救。土地尽早要从他们手中夺走，而他们本人只有等待死亡。"[②]

托克维尔在其名著《论美国的民主》一书中写道："凡是废除了蓄奴制的州，差不多都授予了黑人以选举权；但他们如果去投票，生命就会遭到危险。他们受到迫害时可以去告状，但当法官的都是白人。法律准许黑人充当陪审员，但偏见却排斥他们出任陪审员。黑人的子女进不了为欧洲人子女开设的学校。在剧院里，黑人有钱也买不到同曾经是他们主人的白人并排坐在一起的票。在医院里，他们要与白人分开。虽然也让黑人礼拜白人所礼拜的上帝，但不能在同一教堂祈祷。黑人有自己的教士和教堂。天堂

---

① Conner P W: Poor Richard's Politicks: Benjamin Franklin And His New American Order. Praeger, 1980.

② ［法］托克维尔：《论美国的民主》，董果良译，商务印书馆1995年版，第441页。

的大门虽然未对他们关闭，但不平等的地位只能使他们停在来世的墙外。当黑人死去时，他们的骨头就被抛到一旁，身份的差别都造成了死后的不平等。"① 虽然，1861—1865 年的美国南北战争结束了奴隶制，但种族问题却一直是美国的痼疾。许多美国白人担心他们的社会和经济地位随时受到有色人种劳工的威胁，自然强烈希望确保一个永远处于从属地位的劳动群体，种族主义无疑提供了一种办法，所以种族主义不仅仅是一种心理偏见或信仰，而是一种在美国社会文化中发挥作用的意识。通过对美国民主制的透彻分析，托克维尔认为美国的政治体制不能保护个人，特别是少数民族免于多数暴政。他说："当一个人或一个党在美国受到不公正待遇时，你想他或它能向谁去诉苦呢？向舆论吗？但舆论是多数人制造的。向立法机构吗？但立法机构代表多数，并盲目服从多数。向行政当局吗？但行政首长是由多数选任的，是多数的百依百顺工具。向公安机关吗？但警察不外是多数掌握的军队。向陪审团吗？但陪审团就是拥有宣判权的多数，而且在某些州，连法官都是由多数选派的。因此，不管你所告发的事情如何不正义和荒唐，你还得照样服从。"② 在这样的情况下，不管是黑人，还是拉丁裔人自然只能忍气吞声，逆来顺受。所以美国的种族问题一直久拖不决。

美国的种族问题直到 20 世纪 60 年代民权运动兴起才得以缓解。经过长期的抗议斗争，美国黑人才结束了被歧视的悲惨历史。1963 年 8 月 28 日在华盛顿林肯纪念堂，美国黑人宗教领袖、民权运动家马丁·路德·金（Martin Luther King，1929 年 1 月 15 日至 1968 年 4 月 4 日）发表了著名演讲《我有一个梦想》，他在演讲中表达了一百年来黑人心中的悲愤心情，尽管 1863 年林肯总统签署了解放黑奴宣言，"（然而）一百年后的今天，黑人还没有得到自由，一百年后的今天，在种族隔离的镣铐和种族歧视的枷锁下，

---

① ［法］托克维尔：《论美国的民主》，董果良译，商务印书馆 1995 年版，第 451 页。
② 同上书，第 327 页。

黑人的生活倍受压榨，一百年后的今天，黑人仍生活在物质充裕的海洋中的一个贫困的孤岛上。一百年后的今天，黑人仍然蜷缩在美国社会的角落里，并意识到自己是故土家园中的流亡者"。

二 社会主义没有与美国的贫困问题发生密切联系

1893 年美国历史学家弗里德里克·杰克逊·泰纳（Frederick Jackson Turner，1861 年 11 月 14 日至 1932 年 3 月 14 日）在其论文《边疆在美国历史上的意义》（The Significance of the Frontier in A-merican History）① 中认为，由于美国拥有大片未开发的边疆地区，可以使美国的穷人摆脱贫困和阶级斗争，而在整个欧洲都不存在这样的边疆，并且也是不可能存在的现象。这种观点也许适用于美国 19 世纪开疆拓土的年代，但是从第二次世界大战结束以后，美国就开始受到贫困问题的困扰，泰纳的这种解释显然无法适用于今天的美国。

据《人民日报》2014 年报道，曾经担任美国劳工联合会—产业工会联合会（AFL – CIO）马里兰州和华盛顿特区分会政治主任的马格雷特，对于美国中产阶层的艰难深有感触。退休后，马格雷特仍在为马里兰州一个政府机构服务，每周工作两天。对于美国贫富分化加剧和中产阶层的挣扎，马格雷特认为，美国的体制不公平。这个体制不是为普通百姓而设的，它是为金钱、富人和大公司而建立的。② 美国斯坦福大学贫困和不平等研究中心 2016 年刊文称，与其他发达国家相比，美国仍存在严重的贫困与分配不公现象。报告针对澳大利亚、英国、意大利、德国、法国、挪威、加拿大等二十多个国家展开调查，内容包括贫困、就业、收入与财产公平、经济流动性、教育支出、医疗健保等多个方面。结果显示，与其他被调查国家相比，美国存在严重的贫困与分配

---

① http：//nationalhumanitiescenter. org/pds/gilded/empire/text1/turner. pdf.
② 吴成良：《贫困问题给"美国梦"敲响警钟》，《人民日报》2014 年 6 月 26 日第 21 版。

不公问题，只有西班牙、爱沙尼亚和希腊三个国家的贫困与分配不公问题较美国更为严重。该研究中心主任、斯坦福大学社会学教授大卫·格伦斯基表示，虽然学者对美国的贫困与分配不公问题有所了解，但其程度之严重、涉及方面之多是始料未及的。甚至在许多曾被美国视为自身优势的方面也表现不佳，如无法满足大量就业需求、无法保持经济流动性以及医疗健保机会不平等等问题。①

尽管美国遭受贫困问题困扰已久，但是美国的各个社会主义组织一直未能让大众认识到社会主义在解决贫困问题上的独特优势。比如，前述美国斯坦福大学贫困和不平等研究中心的报告认为，美国贫困和分配不公问题出现的主要原因，是其相应的"安全网"不健全。"安全网"是指由国家或其他机构提供，为保障居民社会福利、失业津贴、医疗健保、流浪收容、公共交通等方面的利益以防止居民个人陷入过度贫困而提供的综合性服务。此外，学者们认为，恶性循环式的"反馈机制"也会加剧这些问题。例如，相对富裕地区的儿童由于受居住隔离保护而得到更多的受教育机会，进而可能引发收入不平等。对此，有学者呼吁，为更多的贫困儿童提供更高质量的教育才能真正缓解贫困及分配不公问题。②

正如马克思在《资本论》中指出的，资本主义社会产生贫困的根源是"资本积累一般规律"作用的结果，从根本上讲是由资本主义制度造成的，即财产所有权和收入分配不均的直接后果。因此，要根除资本主义社会的贫困，就必须消灭资本主义雇佣劳动制，这也是很多反资本主义政党强烈呼吁的政策主张。但是这些主张囿于种种客观原因无法执行，当然也就不可能帮助解决贫困问题，最终只能流于纸上谈兵，成了一纸空文，这无疑造成了

①　王硕：《美国贫困与分配不公问题依然严重》，《中国社会科学报》2016 年 2 月 17 日第 1 版。

②　同上。

美国民众对社会主义在解决贫困问题上无能为力的印象，社会主义的影响力也就再一次落空。

第二节 工人的思想认识受到局限

作为无产阶级革命的导师，马克思、恩格斯、列宁很早就意识到美国社会的独特性质，他们各自也就此提出过指导意见。1851年8月7日，恩格斯在写给魏德迈的信中谈及美国的特殊性，"过剩人口很容易流入农业地区；国家正在不可避免地迅速而且日益迅速地繁荣起来，因此他们认为资产阶级制度是美好的理想等等"①。同年12月，马克思在《路易·波拿巴的雾月十八日》一文中写道："像北美合众国那样；在那里，虽然已有阶级存在，但它们还没有固定下来，它们在不断的运动中不断更新自己的组成部分，并且彼此互换着自己的组成部分；在那里，现代的生产资料不仅不和经常的人口过剩现象同时发生，反而弥补了头脑和人手方面的相对缺乏；最后，在那里，应该占有新世界的物质生产的那种狂热而有活力的运动，没有给予人们时间或机会来结束旧的幽灵世界。"②

自从1848年欧洲革命失败，大批欧洲社会主义者移民美国，经过数十年的努力经营一直没有取得重大成功，他们获得的支持者也不多。对此种情况，1887年恩格斯在《美国工人运动》一文中说："美国没有欧洲式的工人阶级，因此，那种使欧洲社会四分五裂的工人和资本家之间的阶级斗争，在美利坚合众国不可能发生，所以社会主义是一种舶来品，决不能在美国的土壤上生根。"③但是，恩格斯进而指出："造成工人阶级和资本家阶级之间的鸿沟的原因，在美国和在欧洲都是一样的；填平这种鸿沟的手段也到

---

① 《马克思恩格斯全集》第48卷，人民出版社2007年版，第337—338页。
② 《马克思恩格斯选集》第1卷，人民出版社1995年版，第593页。
③ 《马克思恩格斯选集》第4卷，人民出版社1995年版，第387页。

处都相同。因此，美国无产阶级的纲领在最终目的上，归根到底一定会完全符合那个经过 60 年的分歧和争论才成为战斗的欧洲无产阶级广大群众公认的纲领。这个纲领将宣布，最终目的是工人阶级夺取政权，使整个社会直接占有一切生产资料——土地、铁路、矿山、机器等等，让它们供全体和为了全体的利益而共同使用。"① 这说明，恩格斯不认为美国会是例外，也就是说他认为美国的工人终将与欧洲的工人走上相同的道路。可是，后来的历史表明，美国的社会主义运动并没有向恩格斯当初预测的方向发展，所以恩格斯后来在 1893 年写给左尔格的信中也承认"美国的情况的确也给工人政党的不断发展带来十分巨大和特殊的困难"。恩格斯指出了三方面的原因：两党制、外来移民、经济繁荣，但是他仍然认为，"当美国这样的国家建立社会主义工人党的条件真正成熟时，几个德国的社会主义空论家是决阻挡不了的"。②

马克思于 1857 年 7 月在《巴师夏与凯里》手稿中写道，由于美国资产阶级社会"不是在封建制度的基础上发展起来的，而是从自身开始的"，美国"和一切以往的国家的形成不同，从一开始就从属于资产阶级社会，从属于这个社会的生产，并且从来未能自命不凡地提出某种自我目的的要求……资产阶级社会本身的对立仅仅表现为隐约不明的因素"③，因此美国必然具有一些特殊性。"在美国，事情的明朗化来得更快。假话和伪善要比大洋此岸少一些。"因此，"美国人比欧洲人做事更明确果断"。④

列宁在 1907 年指出，英美工人运动的基本特点是"无产阶级没有比较重大的全国性的民主任务；无产阶级还完全受资产阶级政治的支配；一小撮社会主义者由于宗派主义立场而脱离了无产阶级；社会主义者在选举中丝毫不受工人群众欢迎等等"。⑤

---

① 《马克思恩格斯选集》第 4 卷，人民出版社 1995 年版，第 389—390 页。
② 《马克思恩格斯全集》第 39 卷，人民出版社 1974 年版，第 170—171 页。
③ 《马克思恩格斯全集》第 30 卷，人民出版社 1995 年版，第 4 页。
④ 《马克思恩格斯全集》第 25 卷，人民出版社 2001 年版，第 647 页。
⑤ 《列宁全集》第 15 卷，人民出版社 2017 年版，第 200 页。

这些经典观点都说明美国工人的无产阶级意识不够强烈，所以在美国开展社会主义运动的阶级基础不够扎实。正如马克思所说，"社会主义者并没有发明运动，而只是向工人说明运动的性质和目标将是怎样的"①。如果工人阶级没有积极行动起来，仅凭社会主义者的鼓动和宣传仍然无济于事。

一　工人满足于自身的生活富足

在美国工业化的过程中，劳动力不是过剩而是时常不足，这样，美国工人特别是熟练工人，能够得到远远高于其他资本主义国家工人的工资，从而有机会借助经济力量来改善自己的社会地位。实现由穷到富的美国梦，取得较高的经济地位，已成为美国人信仰中的一个重要组成部分。这种情况使美国工人阶级产生了某种乐观主义的精神：即使在资本主义制度下，他们也有机会通过自己的努力改变自己的处境。他们觉得无须通过政治斗争，无须推翻资本主义制度，也能提高自己的社会和经济地位。桑巴特在1906年曾经说过，美国工人由于生活富足安逸，甚至意识不到与统治阶级之间存在的差别，不得不学会喜欢决定他命运的经济体系，不得不学会调整思维方式适应资本主义经济的特有机制。此外，再加上爱国主义的灌输，美国作为世界领袖的骄傲意识，都塑造了美国工人的思维方式，使他们成为"严肃的、精明的、没有理想的生意人"，当然也不会对现存社会秩序产生任何不满。桑巴特不无幽默地说，所有的社会主义乌托邦在烤牛排和苹果派面前都只能自叹弗如。②

在桑巴特之后，尽管美国社会财富的分配日益不均，贫富差距也越来越大，但是工人阶级的实际生活水平得到了很大的提高。美国垄断资产阶级利用他们赚取的巨额利润收买培养了一批批

① 《马克思恩格斯全集》第25卷，人民出版社2001年版，第646页。
② ［德］维尔纳·桑巴特：《为什么美国没有社会主义》，赖海榕译，社会科学文献出版社2014年版，第162—163页。

"工人贵族"，培植和发展机会主义，把工人运动成功地纳入改良主义轨道。工人阶级对经济生活的相对满足，更是削弱了他们的阶级意识和团结力量。恩格斯因此指出美国工人阶级对资产阶级心存偏见："在这样一个从未经历过封建主义、一开始就在资产阶级基础上发展起来的年轻的国家里，资产阶级的偏见在工人阶级中也那样根深蒂固，这是令人奇怪的，虽然这也是十分自然的。美国工人正因为反抗了还披着封建外衣的宗主国，便以为传统的资产阶级经济天然就是，而且任何时候都是先进的、优越的、无与伦比的。"①

恩格斯还指出美国出生的工人存在特权化和贵族化情况。他说："美国本地工人的特殊地位是你们美国的一大障碍。1848年以前，固定的、本地的工人阶级还只能说是一种稀罕现象：当时，这个阶级为数不多的人最初在东部城市里还有可能指望变成农民或者是资产者。现在，这样一个阶级已经发展起来了，并且大部分人加入了工联。但它仍旧处于贵族式的地位，并且只要有可能，就把不需要掌握专门技术的低工资工作给移民去做，这些移民只有很少一部分人加入了贵族式的工联。但这些移民分属于许多个民族，他们之间语言不通，大部分人连美国话也不懂。而你们国家的资产阶级比奥地利政府又更善于挑拨一个民族去反对另一个民族——挑拨犹太人、意大利人、捷克人等等去反对德国人和爱尔兰人，挑拨每个民族的人去反对所有其他民族的人。"②

但是，富裕不一定会阻碍社会主义。在某些情况下，比如19世纪末期日益繁荣的德国和1968年的法国，社会主义运动的高潮也是伴随着繁荣富裕而到来的。而且在工人阶级内部，社会主义有时在手工业工人和其他熟练工人这些富裕的无产阶级中，也获得了最大的支持。有数据表明，在1860—1913年这一关键时

---

① 《马克思恩格斯全集》第38卷，人民出版社1972年版，第566页。

② 同上书，第320页。

期，在美国，工人阶级实际工资的增长并不如在瑞典、德国、法国和英国那样迅速，而这些国家却都出现了大规模的社会主义运动。不仅如此，在从南北战争到第一次世界大战这段时间，美国比其他资本主义国家更容易受到繁荣与危机交替出现的强烈周期支配。哈斯班兹与哈林顿都对桑巴特的美国工人生活"资产阶级化"，即所谓"烤牛肉与苹果馅饼"理论进行了集中批评。哈林顿指出，决不能假定贫困使人激进而富裕使人保守，因为相反的情形倒似乎更为真实。典型的例子是：20 世纪 60 年代在美国一度影响很大的新左派运动就不是以穷人而是以那些"幸运的青年"们为基础的。而在德国，从《反社会党人法》的废除到第一次世界大战这段时间正是工人阶级在经济收入上的"幸运年代"，然而德国社会民主党和工人运动恰恰是在这个时期获得了历史上"最伟大的成长"。[①] 因此，除了生活富足阻碍了工人阶级争取社会主义的斗志以外，看起来还存在其他许多因素妨碍了社会主义在美国的发展。

二　工人阶级心存阶级流动幻想

1904 年桑巴特访问美国之时，对美国日常生活中随处可见的平等气氛大为诧异。他说美国的男女工人的穿着像中产阶级人士，行为举止像绅士或贵妇，从外表上看不出任何阶级差别，而这一点在欧洲是不可想象的。[②] 桑巴特由此提出，"社会是崭新的，有着民主的特征，雇主阶级与工人的差别较小，多数移民具有殖民的活力……所有这些因素的结合，使得不少的普通工人能够在资本主义等级的阶梯上爬到顶层或接近顶层"。也就是说，由于美国工人有较大可能向上层社会流动，从而抑制了工人的阶级意识发

---

① Sombart W.：Why is There No Socialism in the United States? Translated by Hocking P M, Husbands C T. The Macmillan Press Ltd, 1976.

② ［德］维尔纳·桑巴特：《为什么美国没有社会主义》，赖海榕译，社会科学文献出版社 2014 年版，第 165 页。

展，所以造成美国在政治上总比欧洲要沉寂些。但是，从全书的论证来看，这可能是桑巴特最缺乏实证的论点。他后来陆续发表的历史考察表明，在美国所谓开放的阶级结构中，能够大幅度地上升或下降的人实际上是很有限的。类似从一个熟练工人上升为文员或店主这种较小的社会地位变动，在美国的确相当普遍，这毕竟是资本主义市场经济下人才竞争的结果。比如，在19世纪，确实有至少十分之三的蓝领工人的儿子变成白领，但是更大程度的地位变动就不多见了。例如在波士顿，出身于工人家庭的青年只有十分之一能成为专家或富商。从历史上讲，美国的上流社会也大都来自上层或中上层阶级的家庭，出身寒微的人只有寥寥可数的人想方设法才一跃成为巨商富贾。① 但是也许这些经过数代人的努力才缓慢爬升到上层阶级的例子，再加上极少数精英的传奇故事，就变成了人们心口相传的美国个人成功的神话。但是，随着时间的推移，这种社会流动的幻想成分愈加严重，也严重背离了桑巴特当年的观察。

　　诺贝尔经济学奖获得者斯蒂格利茨教授在其2012年出版的《不平等的代价》一书中说，如果流动性充分的话，最底层的20%的人中将只有20%的人的孩子会继续留在最底层，就这一数据而言，丹麦是25%，英国是30%，而美国是42%；最底层的20%的人中有20%的概率进入最上层，就此而言，丹麦是14%，英国是12%，美国是8%。美国在这两个方面无一例外都表现出了严重的阶级固化倾向。再来看美国知名大学里的学生构成比例：9%来自底层50%的人群，74%来自上层25%的人群。此外，来自低收入家庭但学习成绩很好的学生中有29%大学毕业，来自高收入家庭但学习成绩不好的学生中有30%能大学毕业。如果考虑实证研究揭示的结论：在美国，教育对收入的影响程度是比较高的，也就

① ［美］杰罗姆·卡拉贝尔、朱晓红、黄育馥：《评〈美国为什么没有社会主义?〉》，《国外社会科学》1980年第1期。

可以理解美国阶级固化的一个重要原因了。① 2014 年哈佛大学经济学教授拉吉·切蒂领导的"公平机遇项目"研究也发现，美国的社会流动性在过去 70 年一直很低，美国社会底层的人向上流动的机遇，甚至远远低于其他发达国家。②

另外也可以从"代际收入弹性"（Intergenerational Income Elasticity）来观察美国的阶级固化。代际收入弹性代表了父母的经济水平和子女的经济水平有多大的相关性，最高为 1，就是彻底固化，没有人能离开父母的经济阶层。最低为 0，也就是没有社会阶层固化，子女和父母的经济阶层没有任何相关性。举例来说，假设 A 和 B 的父母年收入相差 100 美元，当代际收入弹性为 1 时，A 和 B 本人未来的年收入也将相差 100 美元；当代际收入弹性为 0.6 或 0.2 时，A 和 B 未来的年收入将相差 60 美元或 20 美元。根据美国税务部门的数据，2015 年美国斯坦福大学的研究人员计算出美国男性和女性居民的代际收入弹性分别为 0.52 和 0.47，即父母收入差距的 52% 和 47% 将分别延续到男性和女性后代的收入差距上；如果仅计算工资收入（排除社会保险金、未成年子女抚养费、公共援助金、租赁房产所得租金、利息和红利等其他收入来源），男性和女性的代际收入弹性分别为 0.56 和 0.32。不过，尽管父母高收入对女性后代工资收入的有利影响相对小，但这些女性则较有可能与富有的男性结婚，因此，总的结果仍然是高收入家庭与个人成年后的收入状况显著正相关。这项运用新方法、基于高质量数据的研究显示，赢得了"出生彩票"（birth lottery，即生于富裕家庭）的幸运儿终其一生，收入状况都会比其他同龄人好得多。这显然与"无论出身背景如何，只要努力，人人都有机会实现向上的社会流动"的所谓"美国梦"相悖。③

---

① ［美］约瑟夫·E. 斯蒂格利茨：《不平等的代价》，张子源译，机械工业出版社2013 年版。

② 吴成良：《贫困问题给"美国梦"敲响警钟》，《人民日报》2014 年 6 月 26 日第21 版。

③ http://cssn.cn/hqxx/201508/t20150808_2111467.shtml.

前述这些数据都充分证明美国社会流动性日益降低和阶级分化日益加剧的现实,而占领华尔街运动的爆发则无疑是对这种幻想的迎头痛击。

三 人口迁徙削弱了团结力量

美国人喜欢迁徙的个性可能也削弱了工人阶级的团结。因为人口流动破坏了共同利益与互相信赖的联系,使工人阶级不可能采取集体行动。漂泊不定、四处谋生的工人,在其他国家被视为阶级剥削的牺牲品,可是在美国却成了首创精神和足智多谋的象征,美国人甚至认为搬家的过程就是发迹的过程,因此很少有人不搬几次家的。在桑巴特写作的时代,他认为,"只是认识到自己可以随时成为一个自由的农场主,就可以使美国人感到安全和满意"①,即使仅仅有这样的幻想也让工人们更容易忍受压迫环境。由于工人相信他们的社会地位是会变动的,也总是要不停搬家的,自然就妨碍了他们组织起来参加政治活动和社会活动。

在桑巴特的时代,美国人口迁移有两个方向:从农村向城市,从东部向西部。正是通过迁移,广大的"工业后备军"才得以从工业城市来到广阔的乡村定居下来,这些工业后备军的人数远远超过了来自国外移民的数量。这种迁移的特色一直保留下来。过去百年来,美国西岸城市作为外来移民的入口城市,加上阳光明媚、气候宜人,也吸引大量美国人从各地搬到西岸,使洛杉矶、旧金山、圣地亚哥、西雅图等一直是美国人口移入的重镇,但这个现象在时间进入 21 世纪后却出现了改变。《华盛顿邮报》利用人口普查资料发现,现在美国每年都有数以百万计的人搬到别的州县甚至别的国家。分析结果也显示,美国人逐渐离开传统的东西两岸人口聚集区,以及芝加哥、达拉斯和休斯敦等人口稠密的大城,转移到南方和西部山区。此外,一些原来人口组成单一的

---

① [德]维尔纳·桑巴特:《为什么美国没有社会主义》,赖海榕译,社会科学文献出版社 2014 年版,第 181 页。

城市，现在各种族裔相继迁入，使美国一些中型大都会面目逐渐改变。北卡罗来纳州的德伦、南卡罗来纳州的哥伦比亚、纽约州的雪城、俄亥俄州的辛辛那提、南卡罗来纳州的格林市等地，亚裔居民都急遽增加。[①]

四　工人的阶级意识不如种族意识强烈

正如前文指出的那样，美国的种族问题一直比较突出，这也导致美国工人的阶级意识不像欧洲工人那么强烈，反而更多关注种族平等问题。早期的美国工人阶级由本地出生的农民、欧洲农民和南部黑人构成，这种情况在别的国家也很少见。我们知道，阶级意识不仅仅是来自于在工厂里遭受剥削的共同体验，而且也来自于社会交往的共同经历，这样就可以理解为什么美国工人的阶级意识薄弱。因为同一种族的移民往往聚居在一起，这样的社区环境反过来强化了他们的种族意识，这当然不利于培育工人的阶级觉悟，让他们认识到自己是工人阶级的一员，而非仅仅属于某一个种族。

此外，美国的政治制度也强调种族意识而非阶级团结。高度分散的美国政治制度使得城市和郊区的政治活动大相径庭，在这些地方的种族区别也最为明显。城市里各种强大的政治机构在不同种族聚居的地区都设有分支组织，以便把移民工人就近纳入美国的生活中。在这样的环境下，一个社区的领导人往往属于某一个种族，为了报答人们对他的投票，总会想方设法提供就业、住房等帮助。到20世纪初，纽约等地许多移民工人和政党在当地的分支机构已经完全融合了，此时要想在这些移民工人中组织开展社会主义运动几乎是不可能的。

影响美国工人阶级政治觉悟的各种力量，比如有组织的劳工、两大政党以及工人社区的文化生活，促进的往往也不是阶级觉悟，反而是狭隘的利益集团观念。在美国，同样一个人，当他作为一

---

① https://atlanta.americachineselife.com/美国兴起人口迁徙潮/.

名工人时，他能够和雇佣资本家作经济斗争，有时还很激烈；可是，当他回到社区中时，他又会接受各种头面人物（可能是保守的零售商、工厂主、牧师和政客）的领导。为什么美国的工人阶级在磨坊、工厂和铁路线上具有惊人的战斗精神，却显然未能把这种精神转化为进行根本性政治变革的要求呢？这是美国历史上令人不解的重大问题之一，而问题的答案也许就在于作为劳工的工人与作为居民的工人间存在区别。因为在美国，自从杰克逊民主时期废除了选举权附加的财产要求以后，人们与议会民主政治制度的联系就不是以工厂而是以居住地为基础。到了19世纪末期，虽然劳资冲突在工厂里已经随处可见，可是在社区内的日常生活中却迥然不同：在工人居住的社区内，典型的是种族联系比阶级联系更强大。如果社会主义者要取得成功的话，他们本应尽早在这些地区建立起新的政党组织。但是，遗憾的是，在第一次世界大战期间和战后初期，社会主义者未能做到这一点，此后又遭到政府的打压，此时社会主义者的败局已定，当然也就谈不上开展变革社会的事业，以后美国的左派都未真正走出这一失败的阴影。

列宁曾经指出，机会主义"主张阶级合作，放弃无产阶级专政，拒绝革命行动，崇拜资产阶级所容许的合法性，不相信无产阶级而相信资产阶级"。[①] 美国工人尽管已经意识到资产阶级带来的压迫，但他们仍然认为雇主和工人属于一个利益共同体。所以，他们不主张阶级斗争，其最终目的也不是消灭阶级，而是实现阶级之间的合作。

第三节　资本家拥有高超的操纵技巧

一　资产阶级为民主披上了选举的外衣

资产阶级一直以来都在巧妙地利用选举作为民主的伪装。自

---

① 《列宁全集》第27卷，人民出版社2017年版，第106页。

1787 年正式颁行美国宪法以来，美国一直实行代表制民主，但早在殖民时代就形成了源自于英国历史的选举传统。美国在 1828 年把选举权扩大到所有男性白人，不再附加财产要求，1920 年妇女也获得了选举权，现在年满 18 岁的全体美国公民均享有普选权。桑巴特认为，美国工人由于他们在政权中所处的地位而热爱这个政权，从而不接受社会主义。他说："美国工人感到自己国家的宪法有一种神圣的启示，因而对它有一种虔诚的敬畏……工人对宪法的感情就好像它是某种神物，能够经受致命的打击。这被正确地称为'宪法拜物教'。"由于工人的权利得到了宪法的保障，所以他更多地自认为属于一名公民，而不是一个工人。通过大量的选举造就了美国人对民主的普遍认识，也极大地推动了全社会对选举民主的认同，"公民相信他就是国家的国王，只要他愿意，他就可以给事物带来秩序"①。正如塞利格·珀尔曼（Selig Perlman，1888 年 12 月 9 日至 1959 年 8 月 14 日）在其所著《工人运动的理论》（*A Theory of the Labor Movement*）中指出的，欧洲社会主义运动最初的动力多半是来自争取基本政治权利的斗争，而不是来自争取经济利益的斗争。可是在美国，早在工业化导致工人运动兴起以前，工人阶级就已经获得选举权和基本民权了，所以美国工人自信其拥有和其他阶级平等的政治权利。正是由于美国工人感觉自己拥有所有的公民权利，所以自然无法单独形成一个阶级，即便面对资本主义的狰狞面目，人们对现存政治制度的信任传统已经坚不可摧。②

　　以美国的总统为例，看似由公民投票选举，实际上存在严重的欺骗性。从候选人提名开始，其民主就是有限的。正如美国印第安纳大学—普渡大学韦恩堡分校社会学系主任彼得·艾迪克勒所说，美国的总统选举与垄断市场没有多大区别：民主党或者共和党，这

①　［德］维尔纳·桑巴特：《为什么美国没有社会主义》，赖海榕译，社会科学文献出版社 2014 年版，第 84—87 页。

②　Perlman S：A Theory of the Labor Movement. Augustus M Kelley Pubs，1966.

就好比选择可口可乐或者百事可乐。最终谁能成为候选人，主要是由经济精英决定的。这些精英们不惜花费数百万美元来赞助他们的代理人，也是直接或间接地支持那些有相同利益的候选人。现在，越来越多的资金是通过富豪们建立的组织机构秘密地捐助给代表他们利益的某个候选人。许多这样的组织机构都是独立于政府法律之外的，既不会泄露捐助者的信息，同时也间接地为这些富豪们向他们支持的竞选活动输送金钱提供了重要渠道。大多数情况下，在这场金钱竞赛中获胜的党派候选人，接下来将赢得大选。①

更致命的是，美国总统选举不是采取一人一票、多者胜出的方法，而是由总统候选人竞争各州的选举团（Electoral College）票。这种间接选举制是由《宪法》制订者在 1787 年创立的。在这种制度下，联邦政府不仅代表人民，还代表各州。选举团的结果之一，是使第三党、地区派系或者声望较低的人物更难当选总统。美国历史上曾数次发生这种情形，一些总统候选人虽然在大选中获得的选民票少于对手，却因得到足够的选举团票而当选，这样的事情分别发生在美国历史上的 1876 年、1888 年、2000 年和 2016 年总统选举中。

美国各州的选举团票数与该州在联邦国会的议员数相等。美国宪法规定，参议院代表各州共设 100 个席位，州不论大小均有 2 名参议员；众议员代表人民，共计 435 个议席，按人口比例分配。在众议院，一个席位代表了一个地理选区。每个众议员由本选区遵循简单多数原则选出，是该选区的唯一代表。50 个州中的每一个州都在众议院内拥有至少一个席位，其余席位按人口分配给各州。例如，阿拉斯加州人口非常少，因此在众议院仅占一席。加利福尼亚州是人口最多的州，有 53 个席位。在每十年进行一次的人口普查之后，分配给每个州的席位根据该州在过去十年中的人口变化重新计算，州议会重新划定州内的选区边界，以反映分配给该

---

① ［美］彼得·艾迪科勒、王晓、刘晓涛：《两次访华后的反思》，《社会科学论坛》2016 年第 3 期。

州的席位的变化或州内的人口变化，另外，首都华盛顿所在的哥伦比亚特区有 3 张选举团票。这样全美国总共有 538 张选举团票，获得 270 张选举团票即可当选总统。除了缅因州和内布拉斯加州是按普选票得票比例分配选举团票外，其余 48 个州和华盛顿均实行"胜者全得"制度，即将其选举团票全部给予获得相对多数选民票的总统候选人。由于各州选举团票数量相差较大，这样就可能出现在全国投票中累计获得更多选民票的总统候选人不能赢得总统选举的情形。也就是说，尽管一个候选人可能在全国获得的总选票低于另一个候选人，但他所得的选举团票只要高于另一个候选人 1 票，他照样能够当选。这样的事情就发生在 2016 年的大选中，唐纳德·特朗普赢得了 304 张选举团票，希拉里·克林顿仅赢得了 227 张选举团票，但是特朗普的总得票数（62984828）要少于希拉里（65853514），前者得票占比为 46.1%，后者占比为 48.2%。如果说民主应当是反映人民的意愿，无论如何不能说选举人比选民更能代表民主的实质。选举团制度是美国共和制、联邦制和分权与制衡原则结合的产物，也是多种利益间妥协与协调的结果，存在其自身难以克服的缺陷与弊端。近年来，美国要求改革选举人团制度的呼声不断，但由于多种因素阻碍，改革始终无法进行。

此外，随着人类社会活动变得日益精细化、复杂化，选举式民主的缺陷与弊端也不断显现。以美国历史上时间拖得最长、票数最接近的 2000 年美国总统选举为例，由于投票设备和选票表格一般由选务管理人员从当地购买，因此选民所用的设备类型及其状况往往取决于当地社会经济发展水平和财力，而地方税收往往优先用于学校、警察、消防以及公园和娱乐设施，所以对投票技术的投资往往得不到优先考虑。在当时很常见的一种投票设备是"打卡机"：选民手持纸质选票卡，在候选人名字旁边打孔，或者把纸卡送入投票机打孔，正是这种类型的选票导致佛罗里达州出现计票争议，也让美国人第一次看到了很多与选举管理有关的问题。

从 20 世纪 80 年代以来，西方国家的选举投票率一直不高，有的国家呈不断下降趋势。英国学者安东尼·阿伯拉斯特认为，选举参与率下降在美国、英国都很显著。英国自从1928年引进成年人普选权以后，在2001年大选中投票率首次低于60%。政治家倾向于把这种现象归因于"投票者冷漠"，也反映了人们的一种广泛认识："投票改变不了任何事情"，政府的变化也无关紧要，以及实际权利不受政府控制。① 美国的总统选举投票率从20世纪60年代以后也一路走低，从1960年的62.77%降至1996年的49%，此后开始略有回升②，2016年据估计是55.5%。③ 美国的投票率越来越低，证明美式民主已被政治和经济精英所垄断和侵蚀，美国人已不再相信这样的民主制度。

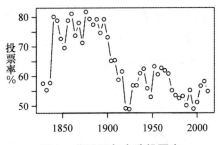

图1　美国历年大选投票率

数据来源：http：//www. presidency. ucsb. edu/data/turnout. php.

　　这说明选举民主只不过是人类实现民主的诸多形式之一，而不是当今世界民主理论与实践的全部。实际上对于资本主义的选举政治，马克思和恩格斯都曾经进行了深入剖析。一方面，他们注意到选举政治对无产阶级具有诸多好处，"即使普选权再没有提供什么别的好处，只是使我们能够每三年计算一次自己的力量；只是通过定期确认的选票数目的意外迅速的增长，既加强工

① ［英］安东尼·阿伯拉斯特：《民主》，孙荣飞、段保良、文雅译，吉林人民出版社2005年版，第143—144页。

② http：//www. presidency. ucsb. edu/data/turnout. php.

③ http：//www. electproject. org/2016g.

人的胜利信心，同样又增加对手的恐惧，因而成为我们最好的宣传手段；只是给我们提供了关于我们自身力量和各个敌对党派力量的精确情报，从而给了我们一把衡量我们的行动是否适度的独一无二的尺子，使我们既可避免不适时的畏缩，又可避免不适时的蛮勇——即使这是选举权所给予我们的唯一的好处，那也就够多了。但是它的好处还要多得多。在竞选宣传中，它给了我们独一无二的手段到人民还疏远我们的地方去接触群众，并迫使一切政党在全体人民面前回答我们的抨击，维护自己的观点和行动；此外，它在帝国国会中给我们的代表提供了一个讲坛，我们的代表在这个讲坛上可以比在报刊上和集会上更有权威和更自由得多地向自己在议会中的对手和议会外的群众讲话"①。可见，恩格斯认为，选举至少可以成为无产阶级政党深入群众、宣传自身政策的平台，成为衡量包括各种政治力量对比的手段，成为批评统治阶级政策并对其施加压力的武器。因此，无产阶级要熟悉资本主义的政治制度，学会利用和平方式在资本主义国家内部展开斗争以夺取政权，普选权是无产阶级不应该忽视的新的武器，选举斗争是无产阶级在资本主义民主框架内开展斗争的锐利武器。另一方面，他们告诫人们在利用普选权时要时刻牢记普选权的虚伪本质和欺骗特征，"这个虚伪的宪法中永远存在的矛盾足以说明，资产阶级口头上标榜自己是民主阶级，而实际上并不如此，它承认原则的正确性，但是从来不在实践中实现这种原则……这个宪法里包含了原则……而在这些细节里重新恢复了无耻的暴政！"②因而，革命的根本路径是坚持对资产阶级的斗争，美国的主要反资本主义政党在其纲领或章程中都坚持积极参与选举，与此同时也积极揭露所谓选举的黑幕，以此教育和提醒美国民众美式民主的实质不过是欺骗无产阶级而已。

---

① 《马克思恩格斯文集》第4卷，人民出版社2009年版，第545页。
② 《马克思恩格斯全集》第10卷，人民出版社1998年版，第692页。

二 劳资矛盾缓和

桑巴特发现，美国的企业主很聪明地提高了工人对企业经营成功的兴趣，他们通过分享利润的办法，让工人对工作热情不减，对收入保持良好预期，而且企业主们非常乐于接受工人提出的合理化建议。这样两者相结合就让工人从自己的积极参与中分享了利益，从而让工人做到"爱厂如家"。企业主甚至还以优惠的价格把企业的股票卖给工人，一方面可以吸引工人参与企业经营，另一方面也从股票市场中获得额外的好处。通过这种利益分享机制，"大企业的参与者、大量的小股东被引导得越来越从雇主的角度考虑经济问题。当他们的差异消失在一种共同的所有权里的时候……冲突的几率……将消失"①。这样即使在资本主义企业内部，劳资双方的关系在理论上也是建立在民主的基础之上，工人们得以享有一定的平等权利，并能参与企业管理。所以美国工人阶级感到劳资双方关系不是那么紧张，他们在心理上不是敌视资本主义，而是接受了它。这是阻碍工人阶级觉悟提高的一大因素。

过去数十年来，美国等发达国家的很多职工直接参与了企业财务成果分配，这种参与包括很多方式，比如利润分享、收益分享、奖金、职工持股，还有大范围实施的股票期权等。这些方式的共同点就是当企业盈利时，职工可以分享企业利润或者股票增值收益。

正所谓"时移事异"，这些种类的薪酬形式既是企业演化的结果，也是外界竞争压力不断增加所致。此外，经营环境日益复杂，生产技术迅速变化，因此企业必须在工厂组织和人力管理活动上不断求新思变，以求充分发挥员工的积极性。比如，鼓励团队工作，鼓励职工参与企业经营管理活动，通过分享财务成果，提升职工的生产率、对企业的归属感以及加强工作保障。截至2015年，

---

① ［德］维尔纳·桑巴特：《为什么美国没有社会主义》，赖海榕译，社会科学文献出版社2014年版，第173页。

据估计，美国大约有 7000 个 ESOP（员工持股计划），覆盖了 1350 万职工。此外，还有约 2000 个利润分享计划和股票红利计划，除了主要投资于所供职公司的股票外，在其他方面则与 ESOP 相似。另外，约有 900 万职工参加了股票期权等适用于大多数或者全部职工的权益薪酬方案。有高达 500 万人参加了 401（k）计划，投资于雇主的股票。还有多达 1100 万职工通过雇员购股计划（Employee Stock Pruchase Plan，简称 ESPP）购买了其雇主的股票。合计约有 2800 万职工参加了职工持股（此合计数可能有所重复），职工总计约持有 8% 的公司股份。需要注意的是，职工持股对绩效的影响并非自然而然的。大量研究不断发现，把大规模的职工持股同大范围的职工参与有机结合起来（让职工真正有机会参与讨论影响他们日常工作的决策），并且经常与职工分享企业财务绩效信息，这样的企业才能在绩效上好于其他企业。2016 年的一项研究发现，越来越多的职工把股份薪酬视为他们最重要的公司福利。大多数职工说持有公司股票让他们觉得自己是企业的主人，一半的职工说股票薪酬提升了他们对公司的忠诚度。[1] 另一项研究则称"静悄悄的所有权革命正席卷全美国"，并且也将是解决经济不平等问题的一项重要措施。[2]

列宁早就指出，"只要资本主义还是资本主义，过剩的资本就不会用来提高本国民众的生活水平（因为这样会降低资本家的利润），而会输出国外，输出到落后的国家去，以提高利润。在这些落后国家里，利润通常都是很高的，因为那里资本少，地价比较贱，工资低，原料也便宜。"[3] 资本家用他们从殖民地掠夺来的那些利润收买本国工人，克服本国出现的政治危机。列宁还指出，"在一切先进国家里，我们都能看到工人阶级的领袖和上层分子腐朽堕

---

① https：//www.fidelity.com/about－fidelity/employer－services/employees－rank－company－stock－plan－top－workplace－benefit.

② https：//ssir.org/articles/entry/a_powerful_under_used_tool_for_addressing_the_roots_of_inequality_inclusive.

③ 《列宁选集》第 2 卷，人民出版社 2012 年版，第 627 页。

落，卖身投靠，倒向资产阶级。这是因为资产阶级施用小恩小惠，把'肥缺'赐给这些领袖，把自己的利润的零头赏给这些上层分子，把报酬最少的和最笨重的工作放到由国外招募来的落后工人身上，不断增加'工人阶级贵族'优于群众的特权。"① 资本家正是通过这样的利益捆绑机制，把工人的利益与资本的利益紧密结合起来，让工人在不知不觉间成了资本的合作者，而不再是资本的反抗者，这种手法自然是高明的，取得的效果也是显而易见的。

三 两党制不利于第三党生存

在美国，除了民主、共和两大党之外，2017年7月的选民登记人数超过10万的政党只有自由党（Libertarian Party）和绿党（Green Party），其中自由党的登记选民数为511277人，绿党的登记选民数为258683人，两者的登记选民数占比均不及0.5%。这与民主党（44706349人，40.30%）和共和党（32807417人，29.57%）相比，简直是天壤之别。详见表6。②

表6　　　　2017年7月选民登记数中两大党占据绝对优势

政党名	选民登记数（人）	占比（%）
Democratic	44706349	40.30
Republican	32807417	29.57
independent & misc.	30818334	27.78
Libertarian	511277	0.46
Green	258683	0.23
Constitution	97893	0.09
Working Families	52748	0.05
Reform	5204	0.00 +
other parties	1684317	1.52

---

① 《列宁全集》第37卷，人民出版社2017年版，第184页。

② http：//ballot - access. org/2017/07/27/new - registration - data - for - the - united - states/.

一般来说，共和党被视为保守党，更强调财产权和累积私人财富；而民主党则被视为较为偏左，主张采取有自由派倾向的社会和经济政策，但在实际运作中，两党在掌权后都倾向于采取务实路线。

美国政治的基本规则包括简单多数选举制、三权分立制以及预选制①都有利于两党制，使得第三党无法击败两个主要政党之一，不仅社会主义政党如此，其他政党也是如此。除极少的例外情况，总统、国会、州长和州议会现在都由两大政党控制。例如，自1852年以来，历届总统不是共和党人就是民主党人；在第二次世界大战后的时期，两大政党在总统大选中平均获得近95%的选票。在美国50个州中，很少有非民主党人或共和党人担任州长的情况。国会或州议会的无党派或第三党派议员的人数极少。

美国选举联邦和州议员的标准方式是"单一席位选区"（single‑memberdistrict）制。这意味着，谁赢得多数选票（即在任何一个特定选区赢得的票数最多），谁就当选。虽然一些州规定要获得绝对多数票才能当选，但是大多数公职候选人获得简单多数票即可赢得选举。与比例代表制不同的是，"单一席位选区"制使任何一个选区只可能有一个政党获胜。因此，"单一席位选区"制有助于形成两个基础广泛的有足够的管理能力、金融资源和公众吸引力、能够在全国各地赢得议会选区多数票的政党。在此制度下，小党和第三党候选人被置于不利地位。金融资源少、民众支持率低的政党往往无法获得任何席位。因此，由于美国选举制度的"赢者通吃"的结构，新政党很难获得足够比例的代表和全国性的影响力。以社会党为例，尽管1912年美国社会党在大选中获得了

①　美国有两种基本类型的选举：预选和大选。预选在大选前举行，其目的是确定参加大选的政党候选人。在预选中获胜的候选人代表其所在的政党参加大选（但在此之前可能仍需经过一些步骤）。自从20世纪初期以来，预选一直是政党推举候选人的主要选举工具。除很少的例外情况，在预选中获胜的候选人总是被其所在政党提名为大选候选人。在少数州遵循传统做法或根据政党的选择，党的候选人在州或地方的提名大会上产生，而不是通过预选决定。

6%的选票（历史上得票最高的一年），也没有获得一个议席。

美国宪法规定的分权制造成联邦和州政府的立法、行政和司法三权分立。这种联邦、州和地方多级政府的体制在不同级别形成了成千上万个选区，从而导致政党的组织结构更加分散。通过预选产生候选人的做法也使政党无法控制对本党候选人的提名，从而削弱了党的权力。这种情况促使候选人建立自己的竞选组织和选民基础，以便首先夺得预选胜利，然后力争在大选中当选。

美国独特的提名程序也是第三党必须突破的又一道障碍。在西方国家中，唯有美国主要通过预选推举出竞选总统、国会议员和州级政府职位的政党候选人。在此制度下，由支持这个政党的普通选民在预选中推举产生代表该党参加大选的总统候选人。在大多数国家，政党候选人由党的组织及其领导人提名；但是在美国，现在都是由选民决定共和党和民主党的提名。与大多数西方国家相比，美国的这种制度使得政党内组织比较松散，但这种普选式的提名程序也使共和党和民主党得以主宰选举政治。代表党内反对派的候选人或者改革派的候选人可以凭借预选成功在党内争取获得参加大选的资格，从而在不必组建第三党的情况下也能增加自己在大选中获胜的机会。因此，预选提名程序会导致不同政见通过党内渠道被吸收，在一般情况下也就无须费力去组建第三党。

另外，虽然民主党、共和党两大政党主导了联邦、州及地方政府，但与很多西方国家的政党相比，它们在党内往往缺少统一的意识形态和行动纲领。由于两大政党寻求适应美国的政治进程，务实主义逐渐占据了主导地位。两大党及其候选人往往会调整其选举战略，以吸收表现出具有广泛吸引力的第三党和无党派候选人所传递的信息。共和党和民主党在几乎所有主要的社会群体中各自都有大批的支持者。两党在政策立场上还表现出灵活性，一般并不严格遵循某种思想体系或政策目标。美国政党历来最注重的是在选举中获胜并掌控政府的人事安排。恩格斯早就指出："在美国，我觉得还没有第三党存在的余地。在这块广阔的土地上，甚至同一个阶级内部各个集团之间在利益上的差别也是如此之大，以致两个大党中的任何一个党的内部，人们都因地区的不同而代表着完全不同的集团和利益，而且几乎有产阶级的每个阶层在两党内都有自己的代表。"① 比如，19 世纪末 20 世纪初的美国资本主义正处于转型时期，社会问题纷起，社会冲突剧烈，在进步主义运动的推动下，美国人通过对资本主义的调控来消除社会弊病，取得了一系列实质性的社会进步，同时统治秩序也得到一定程度的巩固与加强，这导致大部分美国人倾向改良而不是革命。美国资本主义之所以转危为安，关键在于社会控制机制的转变。进步主义改革在客观上起到了一种替代作用，即部分完成了社会主义的任务，从而在一定程度上表现出"和平融入"的趋势，这是美国社会主义运动衰微的原因之一。

选民的归属感可能也是造成两党制的一个原因。19 世纪末期，在劳资矛盾导致的斗争公开之时，很多工人早已经与民主、共和两个大党联系在一起。到 1901 年美国社会党建立时，两个强有力的机制：改良主义的工人运动、两党制，已经得到了许多进入工厂劳动的农民和移民的支持，至少是由于心理惯性，这样的机制一旦建立起来，就再也难以改变。但是，近几十年来，越来越多的美国选民称自己是"无党派人士"，在很多州，这些人可按照无党派人士的身份登记投票。不过，民意调查表明，即便是那些自称无党派的人士，通常也有党派倾向。20 世纪 90 年代以来的民意调查一贯显示，公众非常希望有第三党。比如，2000 年大选前的一次盖洛普民意调查表明，67% 的美国人希望有一个强大的第三党推出候选人参加总统、国会和州政府选举，同共和党和民主党候选人竞争。正是这种情绪，再加上不惜花费重金参选，使得得克萨斯州亿万富翁佩罗在 1992 年大选中赢得 19% 的选民票，成为自西奥多·罗斯福（进步党）1912 年赢得 27% 的选民票以来，得

---

① 《马克思恩格斯全集》第 38 卷，人民出版社 1972 年版，第 245 页。

票率最高的非主要政党的候选人。

四 对工人阶级分而治之

资本家很早就利用了不同文化、不同种族出身的工人之间水火不容的矛盾大做文章。比如，策略之一就是在同一个工厂里雇佣属于几个不同种族的工人，而且最好是属于敌对的种族。在这些工厂里，资本家常常把技术性的职务留给本地工人或定居多年的老移民，而留给"新"移民的就只剩下半技术性的或非技术性的工作了。通过把种族特征和技术特征捆绑在一起，熟练工人与普通工人之间在经济利益上业已存在的冲突变得更加激烈，这些工人为了各自的利益，分道扬镳也就在所难免。

美国劳联首任主席龚帕斯（Samuel Gompers，1850 年 1 月 27 日至 1924 年 12 月 13 日）曾先后两次出任该职位长达 38 年[①]，被公认为是商业工联主义（business unionism）的代言人。学者 R. 霍克西（R. Hoxie）认为："商业工联主义……本质上是一种行业意识，而不是阶级意识……反映的是行业或产业工人的观点和利益，而不是作为一个整体的工人阶级的观点和利益。它的目标主要是为有组织的行业或产业工人争取更多的、本地的和现在的利益，即更高的工资，更少的工作时间，更好的工作条件，而无视这个组织外的更多的工人的福利，无视一般地考虑政治和社会问题，除非这些问题有助于该组织自身的经济目的。在某种意义上，它的保守性在于承认现存资本主义组织、工资制度以及现存的财产权利和契约的约束力。它将工联主义主要视为一种讨价还价制度。"[②]

工人组织内部的冲突造成少数工人贵族与众多从事繁重劳动、工资低微的普通工人之间相互争权夺利，明争暗斗。此时，再加上联邦、州和地方政府的怂恿，和一些精明的资本家配合，工人

[①] 1886—1894 年和 1895—1924 年。

[②] 刘军：《加拿大与美国工会率比较研究》，《经济社会史评论》2015 年第 1 期。

贵族在整个劳工组织中就夺得了控制权。比如，在1894年的美国劳工联合会大会上，号召"生产资料归集体所有"的政策仅以微弱多数遭到否决。1901年，美国劳工联合会却断然拒绝了成立一个独立工人阶级政党的建议，转而以在经济中保障眼前利益作为自己的宗旨。[①] 1948年美国学者米尔斯（C. W. Mills）调查发现，美国只有23%的产联和13%的劳联领导人赞同在未来两三年内组建独立的工党；倾向于在未来十年建党的比例分别为52%和23%。产联甚至还阻止其地方分支机构建党。美国工人运动不仅没有自己的政党，也没有与农民和其他社会阶层结成联盟。在冷战时期需要清除共产党影响的环境下，美国工会中主张经济工联主义的领导人排除了共产党人及其影响，社会工联主义也受到打压。[②] 由此可见，在别的国家里成为社会主义力量基础的有组织劳工，在美国摇身一变却成了资本主义制度的强有力的同盟军了。

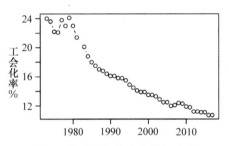

图2　美国工会化率的历年变化

数据来源：http：//unionstats. gsu. edu/MonthlyLaborReviewArticle. htm.

　　关于美国工人分化的情况，可以从工人是否加入工会略窥一斑。实际上，自1973年以来，美国劳工的工会化率一直在下降。截至2017年，美国劳工加入工会的比率（工薪族中工会会员的百分比）是10.7%，与2016年相同均为历史最低。加入工会的工人

　　① ［美］杰罗姆·卡拉贝尔、朱晓红、黄育馥：《评〈美国为什么没有社会主义?〉》，《国外社会科学》1980年第1期

　　② 刘军：《加拿大与美国工会率比较研究》，《经济社会史评论》2015年第1期。

数量为 1481.15 万人。在可比的最早年份 1973 年，工人加入工会的比率为 24%，大约是 1808.86 万人。[①]

在工会日益衰落的大背景下，面对日益强大的资本，工人的利益当然得不到以往工会那样有力的保护。于是乎，我们就发现即便到了 2008 年国际金融危机爆发后，与欧洲工人相比较，美国工人阶级和穷人大多显得较为被动：他们既不像英国工人那样参与街头抗议，不像北欧工人那样向右急转弯，也不像南欧工人那样参与罢工。美国工会，除威斯康星州的公职人员工会外，从不参与任何大型的对抗活动。美国的工会领导只关心如何游说公司，而不去设法组织日趋减少的工会成员。

第四节　工人政党自身出现失误

恩格斯早在 1893 年就指出，在美国的德国社会主义者情况不妙。从德国去美国的社会主义者大多数不是优秀的，无论如何绝不是德国社会主义者的真正代表。他还指出了这些德国人存在的问题："每一个新来的人都认为自己的使命是把他来前存在的东西立即统统抛掉并重新创造一切，使他的出现开创一个新纪元。此外，这些新来者大多数长期或终生待在纽约，又不断为新来者所补充，这样他们就可以不必学习该国的语言，不认真了解美国的生活情况。"[②] 后来的美国本土社会主义者也没有比前辈们做得更好，这导致美国的社会主义政党一直缺少真正的群众基础，甚至在美国遭受沉重打击的大萧条年代，也没有一支政党能够领导一场共产主义或社会民主主义的激进运动。

社会主义政党缺少独立自主发展的能力。比如，美国共产党历史上一直严重依赖苏联共产党，这导致美国共产党对国际形势的分析往往与苏联的分析如出一辙。1946 年 2 月，斯大林认为战争

---

① http://www.unionstats.com/.

② 《马克思恩格斯全集》第 39 卷，人民出版社 1974 年版，第 170 页。

在目前资本主义的世界经济发展条件下是无法避免的，美国共产党也人云亦云，根本没有很好地利用自己身处资本主义心脏地区的有利条件，对战争危险作出更好的判断，结果造成政治上处于被动局面。在历史上，美国共产党对苏联共产党的指示百依百顺，而这些指示往往前后不一致，这让许多美国共产党员认为自己遭受了愚弄，进而失去了对党的领导和社会主义的信心。左翼史学家哈维·克勒指出："美国共产主义力量的强弱都来自同苏联的关系变化。为苏联的利益服务的政策经常要求牺牲自己的利益，放弃自己的宏伟目标去满足苏联的外交政策。"美国共产党的政策随着苏联的外交政策而改变，甚至被扣上"外国代理人"的帽子，这无疑在美国公众、美国共产党员的心目中都产生了恶劣的影响，引起公众对美国共产党的怀疑，最终的后果当然是极大地削弱了美国共产党的公信力。[1]

资产阶级善于通过各种措施挑起工人组织的内讧。列宁对此指出："资产阶级利用'自由主义'政策，往往能在一定时期达到自己的目的……这种政策是一种'更加狡猾的'政策。一部分工人，一部分工人代表，有时被表面上的让步所欺骗。于是修正主义者就宣布阶级斗争学说已经'过时'，或者开始实行实际上抛弃阶级斗争的政策。资产阶级策略的曲折变化，使修正主义在工人运动中猖獗起来，往往把工人运动内部的分歧引向公开的分裂。"[2] 由此造成持续不断的党内斗争，往往最终导致工人和社会主义组织分裂。比如，美国共产党成立不久，就被党内派别斗争所困扰，后来在共产国际的调解下，美国共产党才勉强实现了联合。1929 年和 1945 年，美国共产党分别开展了反对洛夫斯通的斗争和反对白劳德"美国例外论"的斗争，这两次斗争尽管使美国共产党得以保全下来，但力量遭受严重削弱，在广大人民群众中

---

[1]　丁淑杰：《美国社会主义运动曲折发展的原因分析》，《华中师范大学学报》（人文社会科学版）2003 年第 1 期。

[2]　《列宁全集》第 20 卷，人民出版社 2017 年版，第 69 页。

的政治影响也不断衰退。1956年，苏联共产党有关斯大林的报告以及匈牙利事件的爆发，导致美国共产党内部产生了严重分歧，并造成大量党员退党。1968年，美国共产党的处境刚刚得以改善，又发生了苏军入侵捷克斯洛伐克事件，导致美国共产党党内再次发生严重分歧，与霍尔观点不同的一些党员退党。1989年，苏东剧变再一次对美国共产党造成了更为严重的冲击，大量党员退党。1991年11月，在美国共产党二十五大上，"通讯委员会"采取了分裂行动，进一步严重削弱了党的力量。

美国的马克思主义知识分子大多只关注纯理论研究，对劳工运动的实际情况不够了解，再加上第二次世界大战后国内外形势发生了重大变化，造成美国社会主义政党的理论与实际脱节，他们同工人运动之间的联系也更加薄弱。一些学者甚至认为当前美国社会主义运动几乎完全同工人运动分离，逐渐成为少数具有激进思想的知识分子的活动。比如，美国共产党在战略指导思想上曾表现出相当严重的教条主义，这一问题在第二次世界大战后特别突出。20世纪50年代，美国的麦卡锡主义喧嚣一时，仍然有许多人勇敢地与麦卡锡主义抗争，美国社会从未出现过鸦雀无声的情景。尽管这样，美国共产党却认为美国当局正要重复当年法西斯德国的做法，因此存在实行法西斯恐怖专制的可能性，于是美国共产党采取了全面收缩的防守策略，这无疑妨碍了美国共产党主张其合法权利，也错过了其争取社会同情和支持的机会。

党与工人阶级缺乏紧密的联系。社会主义运动是需要广大工人阶级积极参与的群众运动。离开了工人阶级的参与，社会主义运动就失去了根基。以美国共产党为例，美国共产党作为美国工人阶级的先锋队，在建党之初就开始在工人中进行旨在宣传社会主义、提高工人阶级觉悟的多种活动，并曾在20世纪30年代积极领导工人斗争和其他社会运动，在美国产联中也有一定的群众基础，党的力量和影响从而达到历史高峰。但第二次世界大战结束后，由于政策失误导致美国共产党同产联决裂。此后，美国共产党就一直游离于美国工人运动之外。尽管美国共产党作过多次政策调整，但很难恢复到第二次世界大战时期同工会组织紧密联系的程度。

　　对党员的要求脱离美国的实际。比如，美国左翼史学家哈维·克勒认为，美国共产党衰落的原因在于强调党的意愿高于一切，对其成员的时间、精力、经济收入都作出了超常的要求。很多人（包括共产主义运动的同情者）往往不能适应这种要求。由于对党员的要求太高，很多党员参加活动的时间不超出一年。美国历史学家布莱克在其《美国社会生活与思想史》中指出，美国共产党员更新的比例很大，每年可能在 50% 以上。他认为最令人信服的原因大概是对党的路线多变和纪律严格感到失望。[1]

①　丁淑杰：《美国社会主义运动曲折发展的原因分析》，《华中师范大学学报》（人文社会科学版）2003 年第 1 期。

第七章　美国社会主义之火仍需积蓄力量

在前一章中，我们分析了美国历史上的社会主义运动波澜不惊的原因，接下来是对于未来美国社会主义运动的展望。

2016 年美国总统大选的一个显著特征就是民主党参选人伯尼·桑德斯（Bernard Sanders）异军突起。桑德斯的总统竞选活动表明民主党人是愿意投票给一个民主社会主义者的，接踵而至的巨大变化则是很多民主党人也自称是社会主义者。在爱荷华州民主党党团会议前夕的民调中，超过 40% 的意向参会者说他们也是社会主义者。在新罕布什尔州初选前夕的民调中，31% 的民主党投票者自称是社会主义者，在 35 岁以下的投票者中，则更是有超过一半的人自称社会主义者。在南卡罗来纳州民主党初选前，布隆博格对可能投票者的民调显示，39% 的人自称是社会主义者。

赞同社会主义的并非仅仅只有桑德斯的支持者。自称社会主义者的南卡罗来纳州民主党人有 39%，这比实际投票给桑德斯的人要高出 13 个百分点。在《纽约时报》的民调中，56% 的民主党人（其中有 52% 支持希拉里·克林顿）表示他们赞成社会主义。这种向社会主义的转变不是由桑德斯的竞选引起的。早在 2011 年皮尤民意调查就显示在 30 岁以下的美国人（不仅仅是民主党人）中，有 49% 的人对社会主义持有正面看法，而只有 47% 的人支持资本主义。在 2011 年 30 岁以下的美国人中，支持桑德斯的比例只是个位数。因此，不是桑德斯把青年人推向了社会主义，而是他们本来就在那里。

　　表面看来，这么多社会主义者似乎是一夜之间冒出来的，实际上，在很久以前就显露出征兆了。民调显示绝大多数美国人正面看待占领华尔街运动传递的信息：1% 的人靠牺牲 99% 的人发财。此外，还有托马斯·皮凯迪（Thomas Piketty）写的《21 世纪资本论（Captial in the Twenty – First Century）》热卖，还有各地要求提高最低工资的"争取 15 美元"（Fight for ＄15）运动取得胜利①，这些都是社会主义正在复兴的苗头。

　　新美国社会主义的实质是什么？首先，这些人没有把社会主义同激进自由主义对立起来。自称社会主义者的人数和自称自由主义者的人数都在增加。2000 年皮尤民意调查显示 27% 的民主党人是自由派，到 2015 年上升到 42%，在 2000 年出生的所谓千禧一代里，自由派则从 2014 年的 37% 上升到 2016 年的 49%。在南卡罗来纳州的布隆博格民意调查中，除了 39% 自称社会主义者之外，还有 74% 自称进步派，68% 自称自由派。

　　桑德斯以民主党身份而非第三党身份竞选，让自称社会主义者的进步派在美国现实政治中魅力不减。这也表明美国人对社会主义的认同不受左、中、右政治立场的影响。很多不支持桑德斯的人都支持他的竞选纲领。比如尽管只有 4 位民主党众议员支持桑德斯竞选，但是有超过 60 位议员支持桑德斯提出的单人支付健保提案。

　　2018 年 8 月中旬，美国盖洛普咨询公司公布的一项调查结果显示，10 年来，肯定社会主义的民主党人数首次超过了肯定资本主义的人数。虽然历来民主党对社会主义持肯定态度的人数保持在 50% 以上，但是此次调查的变化主要表现在民主党对资本主义持肯定态度的人数，已经从 2016 年的 56% 下降至 47%，为 2010 年以来的最低点。在美国 18—29 岁的年轻人中，45% 的年轻人对

---

　　①　https：//fightfor15. org/we – organized – we – voted – we – won – were – not – done – yet/.

资本主义持肯定态度，该指标在 2010 年时为 68%；此外，有 51%
的年轻人对社会主义持肯定态度。

美国著名的左派杂志有 1865 年创办的《国家》（*The Nation*）、
1949 年创办的《每月评论》（*Monthly Review*）、1954 年创办的《异
见》（*Dissent*）等。近年来有一本新左派杂志异军突起，2010 年 9
月，以"社会主义"和"反资本主义"为特征的《雅各宾》（*Jac-
obin*）杂志创刊在线上发行，并于稍后开始印刷发行，2017 年该杂
志订阅数达 36000 份，网站点击数上百万次。《雅各宾》杂志创始
人巴斯卡·桑卡拉（Bhaskar Sunkara）生于 1989 年，现年仅 29
岁，他还是美国民主社会主义者（Democratic Socialists of America）
的副主席。他说，该杂志与冷战年代维系老左派知识分子的《异
见》或《新政治学》（*New Politics*）杂志不同，是为了新一代人而
创立的。① 在《新左派评论》（*New Left Review*）的一篇访谈中，桑
卡拉谈到了影响《雅各宾》杂志的很多人，比如迈克尔·哈林顿
是一个被严重低估的马克思主义思想宣传家，欧洲共产主义传统
理论家，② 有人认为《雅各宾》杂志是马克思主义在年轻知识分子
中复兴的一个标志。③ 还有人称赞《雅各宾》这本杂志就像"黑暗
时代一道明亮的闪电"④。

《雅各宾》杂志编辑彼得·福莱斯（Peter Frase）在 2016 年出
版的《四种未来：资本主义之后的生活》（*Four Futures：Life After
Capitalism*）一书中，表达了未来人们并不会因为自动化而更加轻
松，相反会带来更多的焦虑、生态灾难以及更加激烈的劳动力市
场竞争等。他认为资本主义必定灭亡，并设想人类未来可能有四
种选择：共产主义、租赁主义、社会主义以及灭绝主义（extermin-

---

① http：//idiommag. com/2011/03/no – short – cuts – interview – with – the – jacobin/.

② https：//newleftreview. org/II/90/bhaskar – sunkara – project – jacobin.

③ http：//www. tabletmag. com/jewish – news – and – politics/148162/young – intellectuals –
find – marx = eschol.

④ http：//www. thehindu. com/opinion/op – ed/the – voice – of – the – american – left/arti
cle8433549. ece.

ism）。① 在桑卡拉等人主编的《我们想要的未来——新世纪的激进思潮》一书中，作者试图摒弃自由主义解决方案的通病，提出另一种务实的选择，并从财政制度、人力资源、充分就业谈到新女权主义。②

数百万以前自称自由派的美国人赞同社会主义，就是因为桑德斯的竞选活动彻底清除了附加在社会主义身上的一些污名。尽管苏联的瓦解的确让美国年轻人把社会主义等同于西欧各国的社会民主国家：这些国家经济比较平等，人们的抱怨也较少，但是让千百万美国人转向社会主义的首要因素还是美国资本主义制度在当前的彻底失能。20 世纪中期半社会主义化的资本主义是受管制的，那时候的工会也很强大，与此同时大多数人也都成为了中产阶级。可是从 20 世纪 80 年代以来，随着管制放松、工会衰退，还有金融化，资本主义造就了创纪录的不平等，衰落的中产阶级，年轻人在经济方面的机会减少而负担加重。

桑巴特说过，一切社会主义理念在烤牛排和苹果派面前都只会一败涂地，这也是历史上美国社会主义不够发达的原因。当移民来到美国成为产业工人阶级后，出乎意料的生活水平让他们忘乎所以，自然而然地认为没有必要争取社会主义。桑巴特还说，正是因为经济条件不断提高这一现实和期望，以及认为美国是一个对工人慷慨的国家，都是美国缺少社会主义的关键。如果桑巴特所言是对的，那么面对经济条件不断滑坡的现实及其未来，人们会觉得美国现在是一个只对富人慷慨的国家，自然就会成为社会主义或者社会主义者奇迹般出现的关键所在。

尽管美国出现了千百万社会主义者，但是仍然缺少一个社会主义运动。桑德斯的支持者在竞选结束后，就没有了下文，而支持希拉里·克林顿的激进工会很可能在民主党内支持一个或数个真

---

① Frase P：Four Futures：Life After Capitalism. Verso，2016.

② http：//sscp. cssn. cn/zdtj/201808/t20180822_ 4546849. html.

正的、持续的社会民主组织。①

　　行文至此，不得不提一下日裔美籍学者弗朗西斯·福山（Francis Fukuyama）有关历史终结论的观点。在 1989 年夏季号美国《国家利益》（*The National Interest*）杂志刊载的《历史的终结》（The End of History）一文中，福山认为当时的情景代表了人类理念演化的终点：自由和平等这两大原则构成了现代民主制度，当其他各种政体因为自身存在的严重缺陷及不合理特征而最终衰落之际，只有西式自由民主（Western liberal democracy）政体证明了自身不存在根本性的内在矛盾，所以西式自由民主政体也许是人类政府的最终形式，并因此构成了"历史的终结"。福山还说："或许当代有些国家能够实现稳定的自由民主制度，而且有些国家可能会倒退回其他更原始的统治方式，如神权政治或军人独裁，但我们却找不出比自由民主理念更好的意识形态。"② 福山的历史终结论甫一出炉，就在学界掀起了轩然大波，一时之间，批评、拥护之声此起彼伏，纵横交错。1992 年，福山进一步阐释他的观点，并结集成书《历史的终结及最后之人》（*The End of History and the Last Man*），其中心论点是探讨人类历史朝着自由民主制度发展的必要性及其原因。③ 2014 年 6 月 6 日，福山发表《民主依然挺立在"历史的终结"处》（At the 'End of History' Still Stands Democracy）一文，他认为经过了 25 年之后，历史终结论所面临的最严重威胁，并非出现了将会取代自由民主制度的更高级、更好的模式，而是所有国家是否都必然会登上这部电梯。他还信心满满地说，纵然人们会质疑要多久之后全人类才能抵达那个终点，但不应怀疑自

　　① https：//www.theguardian.com/commentisfree/2016/feb/29/why－are－there－suddenly－millions－of－socialists－in－america.

　　② Fukuyama F：The End of History?，The National Interest Center for the National Interest，1989（16）.

　　③ Fukuyama F：The End of History And The Last Man. Free Press，1992. ［美］弗朗西斯·福山：《历史的终结及最后之人》，黄胜强、许铭原译，中国社会科学出版社 2003 年版。

由民主就挺立在历史的终结处。①

习近平总书记 2018 年 1 月 5 日在学习贯彻党的十九大精神研讨班开班式上的讲话中强调指出："一场社会革命要取得最终胜利，往往需要一个漫长的历史过程。只有回看走过的路、比较别人的路、远眺前行的路，弄清楚我们从哪儿来、往哪儿去，很多问题才能看得深、把得准。"②

中国共产党人把马克思主义基本原理同中国革命和建设的具体实际结合起来，团结带领人民经过长期奋斗，完成新民主主义革命和社会主义革命，建立起中华人民共和国和社会主义基本制度，进行了社会主义建设的艰辛探索，实现了中华民族从东亚病夫到站起来的伟大飞跃。这一伟大飞跃以铁一般的事实证明，只有社会主义才能救中国！

改革开放之初，中国共产党发出了走自己的路、建设中国特色社会主义的伟大号召，并且把马克思主义基本原理同中国改革开放的具体实际结合起来，团结带领人民进行建设中国特色社会主义新的伟大实践，使中国大踏步赶上了时代，实现了中华民族从站起来到富起来的伟大飞跃，中国特色社会主义也由此进入了新时代。这意味着科学社会主义在 21 世纪的中国焕发出强大生机活力，在世界上高高举起了中国特色社会主义伟大旗帜；意味着中国特色社会主义道路、理论、制度、文化不断发展，拓展了发展中国家走向现代化的途径，给世界上那些既希望加快发展又希望保持自身独立性的国家和民族提供了全新选择，为解决人类问题贡献了中国智慧和中国方案。

如果我们透过现象背后的现实背景和历史逻辑，就可以发现近来美国社会主义看似"意外"的崛起，实则是多种因素综合作用的结果：既有桑德斯以社会主义之名竞选迎合民众关切的主观因

---

① http://www.wsj.com/articles/at-the-end-of-history-still-stands-democracy-1402080661.

② http://news.cyol.com/content/2018-01/05/content_16844383.htm.

素，也有金融危机深化、贫富两极分化的客观现实，当然还有美国历史悠久的社会主义历史传统，此外也不乏世界范围内以中国为代表的社会主义运动复兴的外部因素，这些都可能让美国人改变以往对社会主义的所谓偏见。因此，我们可以说，美国社会主义的再次崛起无疑证明了：历史没有终结，社会主义在美国也并非例外。

附录1　格斯·霍尔的美国
社会主义理念

注：1996年元旦，格斯·霍尔发表《美国社会主义》（Social-ism USA）一文，其中首次提出了"美国的权利法案社会主义"（Bill of Rights Socialism, USA）这一重要理念。① 权利法案社会主义是美国共产党对美国特色社会主义的认识。美国共产党认为这一措辞反映了两个重大问题：对待民主的态度问题以及通往社会主义的道路问题。争取民主的斗争是革命的马克思主义的理论和政治的基石，这条红线也同样贯穿于列宁的著作之中。在千百万人准备走社会主义道路之前，争取民主的斗争决不是徒劳无益的。民主斗争的胜利，使世界上受压迫、受剥削的人们的日常生活发生了变化；在争取民主权利的斗争中，工人阶级及其同盟获得了信心、团结和政治理解力，为下一步更高阶段的斗争打好基础。为方便读者理解，特附上译文。

我们共产党人相信，社会主义是资本主义制度的最优替代。资本主义制度只为自己的目的服务，而无法满足大多数人的需要。我们相信美国社会主义将依据美国的传统、历史、文化和国情来建成，因此它与世界上其他的社会主义社会不同，必将是独特的、美国人的社会主义。

———————————

① Hall G：Socialism USA. （https：//web. archive. org/web/20021230063156/http：//www. cpusa. org：80/article/articleprint/13/）.

第一节　社会主义社会有哪些目标

1. 消灭剥削、不安全和贫穷；消除失业、饥饿和流离失所。

2. 消除种族主义、民族压迫、反犹太主义以及各种各样的歧视、偏见和固执；消除妇女的不平等地位。

3. 改进和扩大民主；消除企业对美国的统治和私人对国家财富的占有；努力创建一种真正充满人性，经过理性规划的社会，在那里，人的个性、才能和天赋都能够得到充分的发挥。

资本主义的宣传和理念中认为这些目标都是乌托邦式的幻想，人类天生是自私的、性恶的。有些人还认为这些目标在资本主义制度下也能完全实现。

我们坚信，这些目标能够实现，但是只有在社会主义社会才能实现。

第二节　为什么选择社会主义

资本主义自诞生伊始就具有致命缺陷。它的内在规律——以牺牲工人阶级为代价获取最大利润——造成了阶级斗争。

历史是人民不断起来反抗剥削和压迫者，要求自身权利的故事。我们国家的历史始于革命。几百年来正义和平等的理念不断激励着美国人。

在卡尔·马克思之前，所有鼓吹社会主义的人都是"乌托邦人"，也就是仅仅受到理念的推动。正是马克思和他毕生的战友、合作者，弗里德里希·恩格斯，一起发现了资本主义的内在规律，即利润从何而来，社会如何发展。他们让社会主义从想象变得具备科学和唯物主义基础。

共产主义者认为资本主义不会永世长存。就像以前的社会没有永恒存在一样。奴隶制被封建制替代，封建制被资本主义替代。

因此，资本主义也会被社会主义替代。

第三节　社会主义的基础

政治权力将掌握在劳动人民手中。社会主义首先要将机器、工厂、农场等满足社会需要的主要生产手段实行国有化。垄断的大公司和大银行也要实行公有制。也就是说，这些将属于在建设社会主义过程中起领导作用的全体工人阶级和人民集体所有。

社会主义还意味着，所有自然资源和能源工业实行公有制。社会主义将彻底消灭资产阶级剥削和压迫大众的权利。

社会主义政府对整个经济进行规划。这种规划的制订尽可能多地让各个阶层的人参与进来。因为没有来自剥削工人和残酷竞争所引起的冲突，从而调和了所有人的利益，所以这样的计划是可以成功的。

由于有计划经济，还有科技进步以及对自然环境和自然资源的保护，社会主义的生产效率将远远超过资本主义。

社会主义政府将以全面民主为基础，并首先从经济民主开始做起。人们越多参与管理自己的经济，人民的权利就越巩固，美国社会主义成功的希望也就越大。

美国社会主义的工会将确保劳动者的生产和收入之间完美平衡。工会将在推行安全和健康保障、防止提高劳动强度以及确保交通顺畅、工作条件良好和工厂设备完好等方面发挥决定性作用。

公共事业，比如学校、医院、公用设施、运输、公园、道路，等等，在资本主义社会都是难以得到保障的。目前的情况是各种公司正把政府运营的公有机构"私有化"以谋求私利。

在社会主义社会，公共事业和住房将得到大幅度改善和扩展。这两者在各自的领域内将优先扩大，而这在资本主义制度下只能是梦想。

美国将变成一个巨型的建筑工地。住房、学校、医院、游乐场所将得以兴建，从而结束短缺局面，替换低劣的基础设施和公共设施。

第四节 全民工作和教育

由于满足人们需要的生产扩大了，充分就业将迅速实现。为劳动人民服务的自动化将缩短工作时间，并提高生活水平，与此同时没有失业。因为生产有计划，将不存在生产过剩的危险。人民的收入将同消费品和服务的产出增长同步上升。

消除贫困的目标将很快得以实现。因为现在用于军事生产、企业利润以及建立在不义之财上的奢靡生活方式所消耗的大量资源将被释放。

所有教育将实行免费。人人将享有免费的全面医疗和健康护理。这些权利的实现取决于个人培训和设施建设的速度。

随着资本主义的灭亡，犯罪也将开始消亡，因为资本主义是一种见利忘义的制度，它腐蚀人民，并滋生犯罪。

第五节 按劳分配

有人会问，在满足人们的日常生活、免费教育、廉价住房和医保等要求后，是否会鼓励人们逃避工作或不努力工作？社会主义的基本原则是：各尽所能，按劳分配。

社会主义会激励人们更努力地工作，生产更多更好的产品，学习更先进的技术。但社会主义并不实行相同的工资。尽管保证每个人的工资都能满足生存所需，但工资会按照职业和效率的不同而变化。

在资本主义社会，工人当然要害怕技能、组织和技术进步，因为这些会威胁他们的工作机会。但是在社会主义社会，这些进步反而会使工人的工作变得更有趣，从中获取的收益更大，还能提高他们的生活水平。

社会主义能够使所有人从劳动成果中得益，因此提供更多的道德激励。没有人从别人的劳动中攫取利润；一旦社会目标为大众所接受，人们都愿意努力实现这些目标。工作不再被看作一种负担，反而越来越多地被认为是一种创造性活动，每个人也把身边的人作为工作帮手而非竞争对手。

社会主义的确将会对一切大规模的生产、财富和房地产实行国有化或社会化。但是社会主义不会废除所有的私人企业。对那些自己经营的、没有雇用他人营利的小型企业，将不会实行国有化。房屋、汽车等私人财产依然归其所有。

在高度机械化的美国农业中，家庭农场主依然会存在，但他们已经完全摆脱了来自垄断农业企业的压迫。

社会主义将迅速清除种族主义和民族压迫，给那些遭受种族主义和民族压迫的人们带来完全平等。社会主义对种族主义将毫不妥协，因为从种族主义中得利的资产阶级已不复存在。种族主义、民族压迫、反犹太主义、性别主义、反移民歧视等各式各样的偏执将依法禁止，并严格执行。社会主义将采取坚决行动以挽救和弥补种族主义数百年来所造成的破坏。实现完全平等将是新社会的首要任务之一。

宣扬战争将被法律禁止。

唯一享有特权的是儿童和老人，他们有权享有健康、快乐和退休保障。

儿童将充分享受社会主义福利，包括儿童看护、免费食物、到配备最好设施和老师的学校上学，等等。儿童将享受优良的玩耍和运动设施。他们有权选择自己希望的职业，以及为此所需的免费教育和培训。

社会主义为人民大众有效地行使民主提供了经济基础。要实现社会主义经济和社会转型，就要求工人阶级在政治上实行统治，即建立一个由劳动人民组成、治理并享有的政府。

第六节　美国社会主义

美国社会主义将借鉴世界上曾经建立的和正在建设社会主义的国家成功和错误的经验教训，但是主要将反映美国发展和环境的鲜明特色。

独特的历史优势，比如无与伦比的自然资源、肥沃的土地和良好的气候，再加上一代又一代美国劳动人民的奉献，造就了美国资本主义比其他国家资本主义更高的生产力水平和生活水平。同样，美国社会主义的发展也将具有以下几个鲜明的优势：

1. 这是一个高度发达的工业社会，拥有一支受过良好训练和教育的劳动队伍；

2. 因为没有外敌入侵的担忧，社会主义无须把人力和经济资源投入到国防事务上；

3. 美国社会主义将避免诸如赤贫、文盲、内战、侵略战争以及世界大战等糟糕的问题；

4. 美国社会主义将以美国人民的民主传统和制度为起点，最充分地发扬民主。

第七节　通往社会主义的道路

我们认为美国以和平方式实现社会主义是可能的，比如通过选举票箱来实现。但有一点是清楚的，即只有当大多数美国人民向往社会主义时，社会主义才可能在美国实现。

我要说的是，当工人进入公司董事的房间并接管企业时，统治阶级会说：好的，你们是对的，我们把事情搞砸了，现在应该由你们来负责运营了，这样的话就不会有什么麻烦。但是，如果统治阶级说：算了吧！并且招来军队和警察，还有国民警卫队，那么革命就会转为暴力。这一切都取决于统治阶级。工人及其盟友必须捍卫自身，争取属于他们的东西。

我们相信并主张，我们国家的社会主义将确保"权利法案"中规定的所有自由，而这些自由在美国尚未完全实现过。这些权利包括人民通过其组织和尊重并接受建设社会主义概念指导的竞选人，充分地、自由地表达自己的意愿。

实际上，权利法案中规定的自由对普罗大众来说意义更大，他们将拥有议事厅、报纸、电台和电视台，从而能够有效地实现自己的自由。这就是我们为什么将自己的主张称为美国权利法案社会主义的原因。

美国的未来是社会主义，这是我们的愿景。我们的这一愿景将赢得越来越多的人民支持，因为社会主义不仅在逻辑上而且在实际上都是资本主义的最好替代，还因为社会主义是人类文明阶梯上的不可避免的下一步。

附录 2　对美国共产党产生
影响的立法

　　1940 年《史密斯法》（Smith Act）又称《外侨登记法》（Alien Registration Act）。规定外国人和在外国出生的美国公民必须进行登记；凡以任何方式宣传用暴力推翻美国政府者均构成"犯罪"。

　　该法第二条第一项规定："蓄意地和故意地提倡、教唆、劝告或宣传用武力或暴力或者以暗杀美国任何一位政府官员之方法来推翻或消灭美国任何一级政府的必要性或正当性"，是犯罪行为。该条第二项规定："意在推翻或消灭美国任何一级政府，而印刷、出版、编辑、发行、传播、出售、分发或者公开展示文书或印刷品，以提倡、劝导或者宣传用武力或暴力，推翻或消灭美国任何一级政府的必要性或正当性"，是犯罪行为。该条第三项规定："从事组织或者帮助组织任何团体或集会，其成员宣传、提倡或鼓励用武力或暴力，推翻或消灭美国任何一级政府者，或者明知这种团体或集会的目的，而作为它的成员或加入者"，也是犯罪行为。第三条规定，任何人企图实行第二条所规定的行为而未遂，或者只是同谋而并未实行，仍然是犯罪行为。第五条规定对这些犯罪行为的处罚是两万美元以下罚金，或二十年以下监禁，或两者并处，而且被告在被定罪后五年以内没有资格受美国雇用，或受美国任何部门或机构（包括美国拥有全部或部分股份的公司在内）雇用。①

---

　　① 参见美国法典 18 U. S. C §2385。

第二次世界大战结束后，美国工人阶级为提高工资和改善福利待遇，掀起了大规模的群众性罢工运动。工人运动的高涨，引起了美国统治集团的恐惧和不安。为抑制和削弱工人运动尤其是工会活动的力量，1947 年 6 月 23 日美国国会通过了《1947 年劳资关系法》（Labor Management Relations Act of 1947）。它是由参议员罗伯特·塔夫脱和众议员弗雷德·哈特莱提出的，故又名《塔夫脱—哈特莱法》（Taft - Hartley Act）。该法是对《瓦格纳法》（Wagner Act of 1935）的修订。①

在特别禁止《瓦格纳法》所确立的雇主不公正劳动行为的基础上，增加了对工会组织不公正劳动行为的禁止：如抑制或胁迫雇员行使参加或不参加工会的权利；征收过高的或歧视性的工会会员费等。同时，该法案还赋予美国总统干预全国性紧急罢工的权力，即当发生危及全国健康和安全且影响整个行业的罢工时，总统可以禁止工人罢工 80 天，以此给劳资双方进一步集体交涉的机会。

《塔夫脱—哈特莱法》特别要求工会领袖向国家劳资关系委员会提供证词，保证其官员都不是共产党员，或者信任共产党。在该法案生效后一年内，就有 120 个工会的 81000 名官员提供了证词。1959 年该条款被废止。②

《1959 年兰德勒姆 - 格里芬法》（Landrum - Griffin Act，1959）也是对《瓦格纳法》的修正和补充，进一步强调保护工会成员的权利：保证工会成员在工会选举的投票权、对会议候选人提名及领导的反对权和对会费提高的认可权；工会章程、规则、财务报

---

①　即 1935 年通过的《国家劳资关系法》（National Labor Relations Act of 1935），该法为美国联邦政府调整私营企业的劳资关系提供了依据。在工人和工会组织方面，确认雇员享有自发组织、建立、参加工会，通过自己选出的代表进行劳资谈判和参加其他各种旨在进行集体谈判或出于相互保护而进行的协商活动的权利。在雇主组织方面，禁止其采取不公正劳动行为，限制其非法行为，如雇主拒绝与员工选出的代表进行诚实善意的谈判、对雇员实行歧视对待等。在政府方面，该法案建立了国家劳动关系委员会（National Labor Relations Board），监督雇员和雇主双方的行为。

②　参见美国法典 29 U. S. C. §159。

告需交美国劳工部备案；重大财务事项应如实报告，强调工会工作人员严格的管理责任；允许全国或国际工会来控制管理地方工会的信托职责必须以工会的章程为依据或以减少财务违法腐败为基础。该法特别规定现在或曾经加入共产党的人不得担任工会官员、顾问等。[①] 尽管 1965 年联邦最高法院裁定该条款违宪，但是仍然保留在美国现行法典中。[②]

1950 年至 1956 年间，在美国的第二次红色恐慌时期，因为担忧共产党人对国家体制的过分影响和苏联间谍渗透活动，麦卡锡主义开始盛行。在这样的背景下，美国制订了 1950 年《麦卡伦法》（McCarran Act of 1950），也被称作《颠覆活动控制法案》（Subversive Activities Control Act of 1950）。此法旨在通过要求共产党组织登记，以保护美国免遭某些反对性、颠覆性的活动。在此法的制订过程中，时任美国总统的杜鲁门否决了这项法案，但参众两院在投票中均推翻了总统的否决权，1950 年 9 月 22 日最终该法案通过立法程序并于次日生效。该法分为两部分：颠覆活动控制法案及紧急拘留法案。

依据该法建立了一个 5 人组成的委员会，名为"颠覆活动管制委员会"（Subversive Activities Control Board），经参议院建议并同意，由总统任命。该委员会负责调查被怀疑从事颠覆活动或建立法西斯党或共产党集权独裁统治的人。这些人不能成为美国公民，并可能被阻止进出美国国境；若为美国公民，则会失去公民权利 5 年。此外，《麦卡伦法》还拒绝向美国共产党组织的成员发放护照。

《麦卡伦法》被用作控制美国境内共产主义运动相关的党派、组织或个人，它对相关组织、个人的权利作了很多限制，在一定

---

① 参见美国法典 29 U.S.C. §504。

② United States v. Brown, 381 U.S. 437（https://www.law.cornell.edu/supremecourt/text/381/437）（Supreme Court 1965-06-07）（"Held：Section 504 constitutes a bill of attainder and is therefore unconstitutional."）。

程度上违背了美国宪法。

在法案中写道："目前存在着一个世界性的共产主义运动，根据其起源、发展及现行活动，它是一个世界范围的革命运动，其目的在于以背信弃义、欺骗、渗入其他团体（政府的或其他的）、间谍和破坏活动、恐怖主义以及任何被认为是必要的手段，通过一个世界范围的共产主义组织，在世界各国建立共产主义的极权统治。……美国的共产主义运动是一个由严格而冷酷的纪律所约束、有着很多信徒的组织。它一直在等待和寻求这样一个时机的提前到来，这时美国由于对外冲突、意见分歧、工业或金融困难，以致用暴力推翻美国政府所有成功的可能，同时通过一个广泛的教育和灌输体系到处网罗信徒。在其他国家，共产主义组织的这类准备已经有助于对现存政府的取代。美国的共产主义组织……对美国安全及美国自由制度的存在展示了一种明显而迫在眉睫的危险，迫使国会有必要为提供共同防御，为维护美国作为一个独立国家的主权，为保证各州政府的共和政体，制订适当的立法，认清上述世界范围阴谋集团的存在，并设法阻止它在美国实现其目标。"

该法规定："每一个共产主义行动组织（包括根据委员会最后决定，要求作为共产主义行动组织进行登记的任何组织）均应在规定的时间内，作为共产主义行动组织在司法部长规定的表格上向他登记。"

该法宣布属于下列任何一种成员的任何外国人将不准进入美国：

1. 那些完全、主要或附带是为从事有损于公共利益或危害美国幸福与安全之活动而设法进入美国的外国人；

2. 那些在任何时候可能成为或已经成为下列任一种的外国人：

（1）信奉无政府主义的外国人；

（2）那些提倡或教唆要反对一切有组织政府的外国人，或此类组织之成员或有关人员；

3. 身为下列组织成员或与之有关的外国人：

（1）美国共产党；

（2）美国的任何其他极权主义政党；

（3）共产主义政治协会；

（4）美国任何一州的，或任何外国的，或任何外国政治或地理分支的共产主义的或其他极权主义性质的政党；

（5）任何上述协会或政党的任一部门、附属机构、分部、分会或分支；

（6）任一上述协会或政党的直接前身或后继者，不论该团体或组织现在或今后可能采用什么名称；

4. 那些未包括在上述第 2 条其他各分条的外国人，如其鼓吹世界共产主义的经济、国际和政治主张，或任何形式的极权主义的经济和政治主张，或本人是鼓吹世界共产主义的经济、国际和政治主张或任何其他形式之极权主义的经济和政治主张的任何组织的成员或有关人员……

《麦卡伦法》还规定，如果发生下列情况之一：（1）对美国领土或其领地的入侵；（2）国会宣战；（3）美国内部在外敌援助下发生暴动，总统断定为保存、保护和捍卫宪法，为美国领土与人民的共同防御和安全，有必要宣布紧急状态时，可授权总统公开声明存在"国内安全紧急状态"。既经宣布的"国内安全紧急状态"将持续存在直至由总统或国会共同宣布终止。一旦宣布了上述紧急状态的存在，总统即被授权通过司法部长逮捕或下令拘留那些有理由被认为是有可能从事或有可能与他人密谋从事间谍或破坏活动的人。

《麦卡伦国内安全法》深刻地影响了当时美国政策的制订，并且苛刻地限制了公民的权利：集会权、演讲权、出版权、自由选择党派权。对于这些权利的限制是违背《宪法第一修正案》的。美国时任总统杜鲁门称该法案"是自 1798 年《外侨和煽动叛乱法案》之后对公民的演讲、出版以及集会自由的权利最大威胁"，

"是对宪法的违背"以及"是走向极权主义的开始"。另外，在《行动中的宪法》（American Rights – The Constitution in Action）一书中，华特·盖尔霍恩（Walter Gellhorn）认为，《麦卡伦国内安全法》"限制了公民的集会自由权"以及"限制了公民自由选择党派的权利"。

《麦卡伦国内安全法》颁布后，国会对其进行了多次修改，每次增加的条款都对移民、共产主义等敏感问题进行了更加苛刻的限制。1952年的《移民与国籍法案》（Immigration and Nationality Act of 1952）、1954年的《共产党人控制法案》（Communist Control Act of 1954）均由《麦卡伦国内安全法》修改或演化而生。

随着麦卡锡主义逐渐消退成为历史，美国最高法院开始质疑《麦卡伦法》的合宪性。在1964年的Aptheker v. Secretary of State案件中裁定，《麦卡伦法》阻止美国共产党员取得或使用护照是违宪的。在1965年Albertson v. Subversive Activities Control Board一案中，法院否决了《麦卡伦法》要求共产党员向政府登记的要求，因为这违背了宪法第五修正案中关于公民不能被要求自证其罪的条款：在该法案中，与共产主义组织相关的人员被要求主动向联邦政府提交个人信息进行登记，与此同时，该登记本身又被作为有关人员参与共产主义活动的证据，这实际上是把公民提供给联邦政府的信息用作证明自身有罪。在1967年United States v. Robel一案中裁定，阻止共产党员为联邦政府或国防事务工作违反了宪法第一修正案中结社自由的规定。1968年，《麦卡伦法》中要求共产党员登记的条款被废止。1971年，有关紧急状态的条款全部被废止。1972年颠覆活动管制委员会被国会撤销。1993年《麦卡伦法》中的大部分条款都被废止。①

1954年8月24日，美国总统德怀特·D. 艾森豪威尔（Dwight D. Eisenhower，1890年10月14日至1969年3月28日）签署了国会

---

① 参见美国法典50 U. S. C. chapter 23。

参众两院通过的《共产党人管制法》 （Communist Control Act of 1954），宣布美国共产党（Communist Party of the United States）为非法组织。加入、支持美国共产党或者共产主义行动组织的人有罪，并且规定了陪审团认定加入此类活动、计划、行动，以及此类组织的目标等所需考虑的证据。该法是为了防止国际共产主义运动威胁美国政府的安全。

《共产党人管制法》认为美国共产党是外国敌对势力的代理人，是阴谋推翻美国政府的工具，是对美国安全的明确无误、现实的、持续的威胁。加入美国共产党是违法行为，并将因此处以最高一万美元的罚款或者五年监禁。美国共产党也被剥夺了作为一个合法实体所拥有的全部权利、特许和豁免。

该法定义了所谓的共产党渗透组织（Communist – Infiltrated Organizations），即接受支持共产党行动组织、外国共产党政府或世界共产主义运动的个人命令、指挥、控制，或者为这些组织、政府或运动提供服务。特别是对工会组织作了限定：一旦颠覆控制委员会认定一个工会组织属于共产党渗透组织，而且这些工会受国家劳资关系法所规范，那么其作为任何一个谈判单位的雇员代表的地位将不保，这些单位的雇员需要重新选举其谈判代表。此外，如果一个雇主被认定为共产党渗透组织，在国家劳资关系法下，该雇主不得请求选举，或者参加此类活动，或者举行听证活动。这些条款现在都已经被废止。①

---

① 参见美国法典 29 U. S. C § 159。

附录3 美国共产党历次全国代表大会[*]

表1   美国共产党的历次全国代表大会

名称	日期	地点	次第	备注
美国共产主义劳工党（Communist Labor Party）	1919 年 8 月 31 日—9月 5 日	芝加哥		
美国共产党（Communist Party of America）	1919 年 9 月 1 日—7 日	芝加哥		
美国统一共产党（United Communist Party）	1920 年 5 月 26 日—31 日	布里奇曼（Bridgeman，密歇根州）		由 CLP 和从 CPA 分裂出的鲁登堡集团共同组成
美国共产党	1920 年 7 月 13 日—18 日	纽约		
美国统一共产党	1920 年 12 月 24 日—1921 年 1 月 2 日	金斯顿（Kingston，纽约）		
美国共产党	1921 年 2 月	布鲁克林（Brooklyn，纽约）		
美国共产党	1921 年 5 月 15 日—28 日	沃斯托克（Woodstock，纽约）		CPA 与 UCP 合并
美国劳工联盟（American Labor Alliance）	1921 年 7 月	纽约		
美国工人党（Workers Party of America）	1921 年 12 月 24 日	纽约	第一次全国大会	由美国工人理事会（Workers Council）、美国劳工联盟等组成

---

[*] 1919—1950 年历次美国共产党全国代表大会的日期、地点录自福斯特著《美国共产党史》附录 A。此后的内容是本书作者自行补充的。另参见［美］威廉·福斯特《美国共产党史》，世界知识出版社 1957 年版。

续表

名称	日期	地点	次第	备注
美国共产党	1922 年 8 月 17 日—22 日	布里奇曼（Bridgeman，密歇根州）		
美国工人党	1922 年 12 月 24 日	纽约	第二次全国大会	
共产党—工人党（合并）	1923 年 4 月 7 日	纽约		CPA 解散后并入美国工人党
美国工人党	1923 年 12 月 30 日	芝加哥	第三次全国大会	
美国工人党	1924 年 7 月 10 日	芝加哥（总统候选人提名大会）		提名 William Z. Foster 作为总统候选人，Benjamin Gitlow 作为副总统候选人
美国工人（共产）党 [Workers（Communist）Party of America]	1925 年 8 月 21 日	芝加哥	第四次	由 W 美国工人党改名为美国工人（共产）党
美国工人（共产）党	1927 年 8 月 31 日	纽约	第五次	
美国工人（共产）党	1928 年 5 月 25 日	纽约（总统候选人提名大会）		提名 William Z. Foster 作为总统候选人，Benjamin Gitlow 作为副总统候选人
美国工人（共产）党	1929 年 3 月 1 日	纽约	第六次	由美国工人（共产）党改为美国共产党（Communist Party，USA）
美国共产党	1930 年 6 月 20 日	纽约	第七次	选举 Earl Browder 为总书记
美国共产党	1932 年 5 月 29 日	芝加哥（总统候选人提名大会）		提名 William Z. Foster 为总统候选人；James Ford 为副总统候选人
美国共产党	1934 年 4 月 2 日	克利夫兰	第八次	
美国共产党	1936 年 6 月 24 日	纽约	第九次	
美国共产党	1938 年 5 月 27 日	纽约	第十次	
美国共产党	1940 年 5 月 30 日	纽约	第十一次	
美国共产党	1940 年 11 月 16 日	纽约（特别会议）		

续表

名称	日期	地点	次第	备注
共产主义政治协会（Communist Political Association）	1944 年 5 月 20 日	纽约	第十二次	由美国共产党改名为共产主义政治协会
美国共产党	1945 年 7 月 26 日	纽约	第十三次	重新改名为美国共产党
美国共产党	1948 年 8 月 2 日	纽约	第十四次	支持 Henry Agard Wallace 竞选总统
美国共产党	1950 年 12 月 28 日	纽约	第十五次	
美国共产党	1957 年 2 月 9 日—12 日	纽约	第十六次	
美国共产党	1959 年 12 月 10 日—13 日	纽约	第十七次	
美国共产党	1966 年 6 月 22 日—26 日	纽约	第十八次	
美国共产党	1969 年 4 月 30 日—5 月 4 日	纽约	第十九次	
美国共产党	1972 年 2 月 18 日—21 日	纽约	第二十次	
美国共产党	1975 年 6 月 26 日—29 日	芝加哥	第二十一次	
美国共产党	1979 年 8 月 23 日—26 日	底特律	第二十二次	
美国共产党	1983 年 11 月 10 日—13 日	克利夫兰	第二十三次	
美国共产党	1987 年 8 月 13 日—16 日	芝加哥	第二十四次	
美国共产党	1991 年 12 月 5 日—8 日	克利夫兰	第二十五次	
美国共产党	1996 年 3 月 1 日—3 日	克利夫兰	第二十六次	
美国共产党	2001 年 7 月 6 日—8 日	密尔沃基	第二十七次	
美国共产党	2005 年 7 月 1 日—3 日	芝加哥	第二十八次	
美国共产党	2010 年 5 月 21 日—23 日	纽约	第二十九次	
美国共产党	2014 年 6 月 13 日—15 日	芝加哥	第三十次	

参考文献

《马克思恩格斯文集》第 3 卷，人民出版社 2009 年版。

《马克思恩格斯文集》第 2 卷，人民出版社 2009 年版。

《马克思恩格斯选集》第 4 卷，人民出版社 1994 年版。

《马克思恩格斯全集》第 27 卷，人民出版社 1972 年版。

《马克思恩格斯全集》第 39 卷，人民出版社 1974 年版。

《马克思恩格斯全集》第 38 卷，人民出版社 1972 年版。

《马克思恩格斯选集》第 1 卷，人民出版社 2012 年版。

《马克思恩格斯选集》第 2 卷，人民出版社 2012 年版。

《马克思恩格斯文集》第 5 卷，人民出版社 2009 年版。

《马克思恩格斯全集》第 46（上）卷，人民出版社 1979 年版。

《马克思恩格斯全集》第 7 卷，人民出版社 1959 年版。

《列宁选集》第 2 卷，人民出版社 2012 年版。

《列宁选集》第 1 卷，人民出版社 2012 年版。

《列宁全集》第 27 卷，人民出版社 1990 年版。

《列宁选集》第 2 卷，人民出版社 2012 年版。

《列宁全集》第 20 卷，人民出版社 1989 年版。

埃本斯坦、福格尔曼、周士琳：《社会主义的未来——美国和发展
　　中国家的社会主义》，《现代外国哲学社会科学文摘》1982 年第
　　9 期。

陈硕颖：《美国共产党在变化的世界中寻求发展》，《党建》2010
　　年第 6 期。

崔之元：《美国社会主义思潮的新动向》，《经济社会体制比较》1993 年第 5 期。

丁淑杰：《美国共产党的社会主义理论与实践》，中国社会科学出版社 2010 年版。

丁淑杰：《美国共产党对社会主义理论的新探索》，《科学社会主义》2007 年第 2 期。

丁淑杰：《美国共产党积极探索美国特色社会主义》，《求实》2010 年第 10 期。

丁淑杰：《美国共产党召开第 27 次代表大会》，《国外理论动态》2001 年第 11 期。

丁淑杰：《美国社会主义运动曲折发展的原因分析》，《华中师范大学学报》（人文社会科学版）2003 年第 1 期。

丁淑杰：《面向未来的美国共产党》，《"当代世界社会主义前沿和热点问题"学术研讨会暨 2007 年当代世界社会主义专业委员会年会论文集》，中国辽宁大连，2007 年。

丁淑杰：《新时期美国共产党加强基层党建的若干新举措》，《社会主义研究》2010 年第 2 期。

高建明：《美国社会党及社会主义运动研究（1876—1925）》，山东大学，博士学位论文，2016 年。

郭更新、丁淑杰：《二十世纪美国社会主义的潮起潮落》，《当代世界与社会主义》2000 年第 3 期。

靳辉明：《美国共产党及其社会主义观——访美报告之二》，《真理的追求》2000 年第 8 期。

李道揆：《美国政府和美国政治》，商务印书馆 1999 年版。

利亚霍夫、文华：《现代美国社会民主党意识形态和政策中的改良主义》，《当代世界社会主义问题》1986 年第 2 期。

刘保国、任志祥：《美国共产党对社会主义实现条件的新认识》，《长沙理工大学学报》（社会科学版）2008 年第 4 期。

刘军：《加拿大与美国工会率比较研究》，《经济社会史评论》2015

年第 1 期。

刘雅贤：《美国共产党第三十次全国代表大会观察》，《人民论坛》
2015 年第 35 期。

刘雅贤：《美国共产党与中国共产党关系的演变述略》，《中共党史
研究》2010 年第 8 期。

刘瑜：《民主的细节：美国当代政治观察随笔》，上海三联书店
2009 年版。

鲁仁：《关于美国共产党和美国共产主义工人党统一的协议》，《国
际共运史研究资料》1986 年第 1 期。

陆镜生：《美国社会主义运动史》，天津人民出版社 1986 年版。

吕睿：《拜访美国共产党总部》，《四川统一战线》2008 年第 8 期。

吕薇洲：《世界社会主义整体发展视阈中的国外社会主义流派》，
中国社会科学出版社 2016 年版。

秦晖：《公平竞争与社会主义——"桑巴特问题"与"美国例外
论"引发的讨论》，《战略与管理》1997 年第 6 期。

任知初：《简评〈美国社会主义运动史〉》，《历史教学》1987 年第
8 期。

山姆·韦伯、周岳峰：《美国共产党：变动世界一项正在进行中的
工作》，《马克思主义研究》2009 年第 11 期。

孙兆臣：《美国学者谈美国共产党的发展与使命》，《国外理论动
态》2000 年第 1 期。

王保贤：《"美国革命共产党"不是"美国共产党"》，《党建》
2010 年第 5 期。

王学东：《美国共产党的现状与前瞻》，《当代世界社会主义问题》
2004 年第 4 期。

王中保：《美共负责人谈美国共产党和社会主义运动发展态势》，
《红旗文稿》2007 年第 3 期。

武彬、刘玉安：《为什么美国没有社会主义？——兼论奥巴马政府
的治国理念》，《当代世界社会主义问题》2012 年第 4 期。

奚广庆：《关于美国有没有社会主义的几点讨论》，《当代世界社会主义问题》2013 年第 3 期。

许宝友：《从桑巴特到李普塞特的美国社会主义例外论——国外名家论社会主义（四）》，《科学社会主义》2005 年第 1 期。

轩传树、谭扬芳：《意料之外还是情理之中：美国大选中的社会主义现象评析》，《国外社会科学》2016 年第 6 期。

叶宗奎、冯民安：《关于德国社会民主党、法国工人党、美国社会主义工人党的性质》，《历史教学》1982 年第 7 期。

余维海：《近年来选举政治中的美国共产党》，《当代世界社会主义问题》2010 年第 3 期。

张友伦、陆境生：《美国工人运动史》，天津人民出版社 1993 年版。

［德］维尔纳·桑巴特：《为什么美国没有社会主义》，赖海榕译，社会科学文献出版社 2014 年版。

［法］托克维尔：《论美国的民主》，董果良译，商务印书馆 1995 年版。

［美］彼得·艾迪科勒、王晓、刘晓涛：《两次访华后的反思》，《社会科学论坛》2016 年第 3 期。

［美］弗朗西斯·福山：《历史的终结及最后之人》，黄胜强、许铭原译，中国社会科学出版社 2003 年版。

［美］杰罗姆·卡拉贝尔、朱晓红、黄育馥：《评〈美国为什么没有社会主义?〉》，《国外社会科学》1980 年第 1 期。

［美］威廉·福斯特：《美国共产党史》，世界知识出版社 1957 年版。

［美］约翰·尼古拉斯：《美国社会主义传统》，陈慧平译，社会科学文献出版社 2013 年版。

［美］约瑟夫·斯蒂格利茨：《美式资本主义的灭亡》，《新世纪周刊》2009 年第 20 期。

［美］约瑟夫·E·斯蒂格利茨：《不平等的代价》，张子源译，机

械工业出版社 2013 年版。

［日］神谷秀树：《贪婪的资本主义：华尔街的自我毁灭》，于丽译，经济科学出版社 2009 年版。

［英］安东尼·阿伯拉斯特：《民主》，孙荣飞、段保良、文雅译，吉林人民出版社 2005 年版。

Bachtell J：Tactics and the 2016 Elections. http：//www. cpusa. org/article/tactics – and – the – 2016 – elections/.

Belknap M R：The Supreme Court under Earl Warren，1953 – 1969. University of South Carolina Press，2005.

Belknap M R：The Vinson Court：Justices，Rulings，And Legacy. ABC – CLIO，2004.

Buhle M J，Buhle P，Georgakas. D：Encyclopedia of the American Left. Oxford University Press，1998，2nd ed.

Conner P W：Poor Richard's Politicks：Benjamin Franklin and His New American Order. Praeger，1980.

CPUSA：Constitution of the Communist Party of the United States of America. https：//web. archive. org/web/20030402023349/http：//www. cpusa. org：80/article/articleprint/15/.

CPUSA：Constitution of the Communist Party of the United States of America. http：//www. cpusa. org/cpusa constitution/.

CPUSA：The Road to Socialism USA：Unity for Peace，Democracy，Jobs and Equality. http：//www. cpusa. org/wp – content/uploads/2009/10/CPUSAProgramWEB – 3. pdf.

DSA：DSA Constitution and Bylaws（as Amended by the 2001 National Convention）. http：//www. dsausa. org/constitution.

Elteren M V：Labor and the American Left：An Analytical History. McFarland，2011.

Frase P：Four Futures：Life after Capitalism. Verso，2016.

Fukuyama F：The End of History and the Last Man. Free Press，1992.

Fukuyama F: The End of History? The National Interest Center for the National Interest, 1989 (16).

GPUS: Fiscal Policy of the Green Party of the United States. .

Hacker D A: Social Democrats, USA: Learning from Our Past and Revived under New Leadership to Build for A Brighter Future tor the United States of America and the World. http://socialistcurrents. org/documents – public/Social_ Democrats. pdf.

Hall G: Socialism USA. https://web. archive. org/web/200212300631 56/http://www. cpusa. org: 80/article/articleprint/13/.

Harman C: Zombie capitalism: Global Crisis and the Relevance of Marx. Haymarket Books, 2009.

Lieberman R C: Why the Rich are Getting Richer: American Politics and the Second Gilded Age. . Foreign Affairs, 2011 (1).

Lipset S M, Marks G: It didn't Happen Here: Why Socialism Failed in the United States. W. W. Norton & Company, 2000.

Metz J W, Baggins B: U. S. Presidential Elections: Leftist Votes. https://www. marxists. org/history/usa/government/elections/pr eside nt/timeline. htm.

Perlman S: A Theory of the Labor Movement. Augustus M Kelley Pubs, 1966.

Reich R B: How Capitalism is Killing Democracy. https://foreignpoli cy. com/2009/10/12/how – capitalism – is – killing – democracy/.

Shull B: The Fourth Branch: The Federal Reserve's Unlikely Rise to Power and Influence. Praeger, 2005.

Sombart W: Why is There No Socialism in the United States? Translated by Hocking P M, Husbands C T. The Macmillan Press Ltd, 1976.

Webb S: A Way Out of the Deepening Crisis. http://www. cpusa. org/ party_ voices/a – way – out – of – the – deepening – crisis/.

Webb S: Keynote Address, 27th Cpusa National Convention. http://

www. cpusa. org/party_ voices/keynote - address - 27th - cpusa - na
tional - convention/.

Webb S：Keynote Address to the 28th National Convention of the Commu-
nist Party, USA. https：//web. archive. org/web/20070807044059/ht-
tp：//www. cpusa. org/article/articleview/649/1/125/.